spielen
und lernen

D1919344

Sabine Hirler

Gefühle leben lernen

Unterstützen Sie Ihr Kind in seiner emotionalen Entwicklung

velber

Fotos:
Titel: zefa/creasource
Innenteil: bananastock: S. 143, U4
goodshoot: S. 13, 33, 158
Sabine Hirler: S. 34, 40, 44, 46, 51, 62, 66, 70, 85, 86, 91, 100, 109, 123, 128, 144
itstock free: S. 72
Mauritius/Reik Image: S. 4
Photodisc: S. 8, 14, 16, 23, 26, 55, 56, 58, 94, 99, 104, 113, 114, 117, 127, 132, 140, 147, 151

Velber Verlag

Lektorat: Susanne Lesaar
Bildredaktion, Satz und Repro:
Reprographia MEDIENHAUS-LAHR
Druck und Bindung: IGM, Spanien

ISBN 3-89858-409-7

Inhalt

Liebe Eltern,

„Gefühle leben lernen" ist gar nicht so einfach. Wir erleben dies nicht nur täglich bei uns selbst, sondern vor allem auch bei unseren Kindern. Haben Sie zum Beispiel schon einmal beobachtet, wenn ein Kind zum ersten Mal in seinem Leben Langeweile empfindet? Staunend nimmt es dieses seltsame Gefühl wahr, das sich in seinem ganzen Körper und in seiner Seele ausbreitet. Es ist ihm fremd und das Kind weiß nicht, wie es damit umgehen soll, und reagiert mit einer emotionalen Bandbreite von Knatschig-Sein bis hin zu Aggressivität. Jedes Gefühl, egal ob angenehm oder unangenehm, ist ein seelisches *und* ein körperliches Ereignis und oftmals eine außergewöhnliche Erfahrung.

Wie wichtig eine gute emotionale Erziehung ist, zeigt die Bedeutung der individuellen emotionalen Prägung im Kindesalter. Denn in den ersten sieben Lebensjahren tragen alle Bezugspersonen eines Kindes durch ihr Verhalten entscheidend zur charakteristischen Prägung der emotionalen Reaktionen dieses Kindes bei. Gerade im Alter zwischen drei bis sechs Jahren wird der größte Teil der Persönlichkeit, des Charakters und der sozialen Kompetenzen ausgebildet.

Aus diesem Grund haben Eltern eine ganz besondere Verantwortung, und zwar im wahrsten Sinne des Wortes. Verantwortung beinhaltet das Wort „Antwort", und dies bedeutet in der Erziehung: Antworten auf Handlungen, auf Gefühle, Fragen und Situationen zu geben, damit Kinder eine Struktur für ihr ganzes späteres Leben bekommen. Antworten geben können wir jedoch nur, wenn wir wirklich zuhören. Das bedeutet für uns Erwachsene, dass auch Signale nonverbaler Art (z.B. Essensverweigerung, Angstzustände) Fragen bzw. Appelle des Kindes an uns sind, die wir wahrnehmen müssen. Ein Kind verfügt noch nicht über die kognitive Intelligenz, um sich selbst zu reflektieren und um diese Reflektionen anschließend adäquat in Worte fassen zu können.

Damit Eltern diesem Anspruch gerecht werden können, sollten sie sich ihrer eigenen Gefühlswelt einigermaßen bewusst sein. Allerdings wohl wissend, dass auch sie „nicht aus ihrer Haut herauskönnen". Jeder ist anders, hat einen anderen Charakter. Vielleicht bemerken wir irgendwann verwundert, dass wir uns im Dialog und in den Auseinandersetzungen mit unseren Kindern genauso anhören wie unsere Eltern vor 25 Jahren. Dies zeigt deutlich, wie wir auf einer unbewussten Ebene alle Situationen, die wir als Kind erlebt haben, inklusive verbaler und nonverbaler Kommunikation, in uns gespeichert haben.

Doch eines ist mit am wichtigsten: das Annehmen des Kindes und die positive Hinwendung zu ihm. Ohne liebevolle Fürsorge kann ein Kind – übertragen gesprochen – nicht zu einer starken Pflanze heranwachsen. Es wird nicht fähig sein, Blüten und Früchte zu tragen, wenn es nicht starke Wurzeln bilden kann. Und diese werden durch die emotionale Zuwendung seiner Eltern, durch deren Verlässlichkeit, durch den sprachlichen Austausch mit ihrem Kind und – nicht zu vergessen – durch körperliche Nähe gebildet. Nur so kann ein Heranwachsender den Stürmen des Lebens begegnen, knickt nicht um oder wird entwurzelt.

Das vorliegende Buch möchte Ihnen, den Eltern eines oder mehrerer Kinder, Antworten geben auf all Ihre Fragen zur emotionalen Entwicklung Ihres Kindes. Wie oft fragt man sich als Elternteil: „Warum reagiert mein Kind in verschiedenen Situationen ausgerechnet so?“ Sie werden dabei in diesem Buch nicht nur Hintergrundinformationen finden, sondern auch unterstützende Angebote für den Alltag mit Ihrem Kind, um diesem auf diese Weise Hilfe zur Selbsthilfe anbieten zu können. Zu jedem Thema, seien es Probleme mit kindlichen Wutanfällen, dem Schlafen, mit Lügen, Langeweile, Angst oder Essensprobleme, gibt es in diesem Buch einfache, innerhalb der Familie problemlos umzusetzende, ganzheitliche thematische Angebote wie Lieder, Geschichten, Gesprächsvorschläge, Reime und Spiele. Diese können Ihnen dabei helfen, schwierige oder kritische Situationen und Gefühle sozusagen auf eine andere Ebene zu transformieren. Das Lied, das Spiel usw. sind dann der Vermittler, durch den Ihr Kind – natürlich mit Hilfe von Ihnen, seinen Eltern –, einen neuen Zugang und einen Weg zur Lösung eines Problems oder Konflikts finden kann. Auf diese Weise erhält Ihr Kind die Möglichkeit, seine jeweilige Emotion bewusst zu leben (oder leben zu lernen, falls es diese Emotion zum ersten Mal „wach“ wahrnimmt) und sie auszuhalten. Ihr Kind bekommt das Gefühl, mit seinen Problemen nicht alleine gelassen zu werden. Und außerdem: Alle thematischen Angebote dieses Buchs machen Spaß, und mit Humor und Freude können Sie bei Ihrem Kind mit Sicherheit am meisten bewirken.

Noch ein Wort zu den zehn Liedern dieses Buchs: sie sind neu und eigens für dieses Buch geschrieben. Des Notenlesens kundige Eltern finden Liednoten und Begleitakkorde für die Gitarre hier abgedruckt. Sollten Sie lieber auf einen Tonträger zurückgreifen wollen, so erhalten Sie eine CD beziehungsweise MC mit den Liedern bei Jumbo Neue Medien und Verlag GmbH, Hamburg.

Es gibt ein großes Spektrum von Erziehungssituationen, die die Aufmerksamkeit und das unterstützende Handeln der Eltern erfordern. Dabei sollten wir uns jedoch immer vor Augen führen, dass ohne soziale und emotionale Grundkompetenzen ein Kind noch so intelligent sein kann: es wird in unserer menschlichen Gesellschaft kläglich scheitern. Aus diesem Grund beschäftigen sich vier der elf Kapitel dieses Buches mit der Entwicklung sozialer Kompetenzen, nämlich von Freundschaft, Selbstvertrauen, der Entwicklung sozialen Bewusstseins und von Toleranz.

Ich wünsche mir, dass das vorliegende Buch Sie in Ihrer anspruchsvollen Erziehungsarbeit unterstützt und Sie bewusst mit Ihrem Kind „Gefühle leben lernen". Machen Sie sich dabei immer wieder klar, dass sich Eltern nur von ihrem eigenen Standpunkt aus und aus ihren aktuellen Lebensumständen heraus bemühen können, die Erziehung ihres Kindes auf den Weg zu bringen und zu gestalten. Es sind noch keine „Meister-Eltern" vom Himmel gefallen, und auch wir Erwachsene wachsen mit unseren Aufgaben. Trotz allem Anspruch, den wir Eltern bei der Erziehung unserer Kinder an uns selber richten, ist es wichtig, dass Sie ausrechend viele Momente finden, in denen Sie die unwiederbringliche Zeit mit Ihrem Kind genießen können. Denn diese Momente sind es, die das Leben mit Kindern so aufregend machen, spontan, erfrischend und absolut lebenswert!

Herzlichst

Ihre Sabine Hirler

1 Gefühle – wie sie wirken und woher sie kommen

Eine kleine Theorie der Gefühle

„Können Sie nicht aufpassen, wohin Sie mit Ihrem Einkaufswagen fahren?“
„Vielen Dank, sehr nett, dass Sie mich vorlassen.“
„Das ist das schönste Geschenk meines Lebens!“

Diese drei Äußerungen haben Sie vielleicht selbst schon einmal ausgesprochen – und somit am eigenen Leib erfahren. Denn diese Äußerungen sind mit unmittelbaren Gefühlen verbunden. Und damit sind wir auch schon mitten im Thema, denn Gefühle sind – rein biologisch betrachtet – eine körperliche Reaktion auf ein erregendes Ereignis. Sei es im obigen Fall auf ein Ärgernis, auf ein zuvorkommendes Verhalten eines Mitmenschen oder auf das Geschenk eines lieben Menschen.

Im Gehirn werden alle Reize, die wir aufnehmen, mit Hilfe der uns zur Verfügung stehenden Sinne verarbeitet. Der direkteste Ausdruck von Gefühlen findet, vor allem bei Kindern, über den Körper statt. Nicht ohne Grund werden Gefühle in ihren jeweiligen körperlichen Reaktionen beschrieben. Alle Menschen verstehen diese Beschreibung von Gefühlen in der „Körpersprache“. Beispiele dafür kennen Sie: „vor Freude in die Luft springen“, „vor Angst schlotternde Knie haben“, „vor Wut platzen“ usw.

Um die Welt der Gefühle noch besser begreifen können, ist es interessant zu erfahren, wie Gefühle entstehen. Es gibt Bereiche im Gehirn, die alle Sinneseinwirkungen auf einer emtionalen Ebene verarbeiten. Alle diese einzelnen Bereiche zusammengenommen werden das „limbische System“ genannt.

Das limbische System besteht aus drei Ebenen, die der tiefen, der mittleren und der oberen Gefühlsebene:

- Die tiefe Gefühlsebene steuert die elementaren Emotionen oder Affekte wie Wut, Ärger, Freude, Lust, Panik, Aggression. Diese sind uns angeboren.
- Die mittlere Gefühlsebene speichert alle Gefühle, die wir in den ersten Lebensjahren durchlebt haben und die unsere Persönlichkeit prägen. Sie wird emotionales Erfahrungsgedächtnis ge-

nannt und legt in den ersten drei bis fünf Lebensjahren weitgehend fest, was man den Charakter oder die Persönlichkeit eines Menschen nennt.

- Die obere Gefühlsebene beeinflusst unsere Stimmungen. Das heißt, verschiedene emotionale Erfahrungen, die im Gehirn gespeichert sind, laufen zusammen und bewirken einen Entscheidungsprozess. Dieser Entscheidungsprozess lenkt einen Großteil unserer Handlungen. Zwar meinen wir, in diesem Moment selbst zu entscheiden, jedoch wird die oberste Gefühlsebene ebenfalls sehr stark von den beiden darunter liegenden Gefühlsebenen beeinflusst. Die obere Gefühlsebene hat jedoch einen sehr geringen Einfluss auf die beiden anderen Schichten.

Diese Informationen zeigen uns deutlich, dass so gut wie alle unsere Handlungen von Emotionen (mit-)bestimmt werden.

Emotionen und Temperament und die Prägung beider Phänomene in der Kindheit

Vielleicht fragen Sie sich auch manchmal, was Ihr Kind von seinem Vater, von Ihnen selbst oder von seinen Großeltern mitbekommen hat? Oder es sieht nicht nur wie Ihre Mutter aus, sondern es bewegt und verhält sich auch noch genauso.

Die Frage, was den Charakter und – damit verbunden – die Ausprägung von Gefühlen in der Entwicklung von Kindern mehr beeinflusst, das soziale Umfeld oder die Genetik, lässt sich auf dem heutigen Forschungsstand folgendermaßen beantworten: Die Grundzüge der Persönlichkeit, das Temperament eines Menschen, sind mit ca. 40 bis 50 Prozent genetisch (durch Vererbung) und durch emotionale Eindrücke während der Schwangerschaft festgelegt, und circa 30 bis 40 Prozent der Persönlichkeitsentwicklung festigen sich durch Prägungs- und Erlebnisprozesse im Alter von 0 bis 5 Jahren! Dies zeigt sehr deutlich, wie wichtig eine unterstützende emotionale Erziehung in diesem Alter ist, denn alle erlebten Emotionen formen unwiderruflich den Charakter des Kindes.

Diese enorme Wichtigkeit der ersten fünf Lebensjahre müssen sich Eltern und ErzieherInnen ganz bewusst deutlich machen und die emotionale Erziehung durch die Förderung der sozialen Kompetenz in den Mittelpunkt ihrer Erziehungsarbeit stellen. Die emotionale Erziehung ist der Dreh- und Angelpunkt jeglichen Handelns, weil ohne soziale Kompetenzen sich kein Kind in eine Gemeinschaft integrieren kann. Jedoch ist es wichtig, dass Sie, wenn Sie Ihr Kind in seiner Entwicklung fördern, immer im Hinterkopf haben, dass Ihr Kind einzigartig ist, so, wie es ist, und dass es bei seiner Erziehung nur darum gehen kann, dass Sie als Eltern Ihr Kind so fördern, wie es seinen Anlagen entspricht, damit es mit Freude leben und lernen lernt. Dies ist natürlich jeden Tag eine Herausforderung, die im Elternalltag manchmal mehr, manchmal weniger gelingt. Wichtig ist aber, dass Eltern ihrem Kind nicht die eigene Erwartungshaltung überstülpen, sondern ihm begleitend und unterstützend zur Seite zu stehen.

Emotionale Grundvoraussetzungen für die Erziehung

Das heranwachsende Kind benötigt wie alle Säugetiere körperliche Nähe und Geborgenheit, dazu Eltern, von denen es nachahmend lernen, und Geschwister oder Freunde, mit denen es spielerisch sein Verhalten testen kann. Zur Grundlage einer guten Erziehung bei Kindern gehören jedoch noch weitere grundsätzliche Werte und Verhaltensweisen. Diese sind: Verlässlichkeit, Sicherheit, Interesse am Kind und Liebe.

Und noch etwas ganz Wichtiges: Akzeptanz. Denn wenn Eltern ihr Kind nicht so akzeptieren können, wie es ist, werden weite Bereiche in der Erziehung scheitern, und Probleme sind vorprogrammiert.

Eltern schaffen es in der Regel durch ihr intuitives Verhalten, alters- oder kindgerecht mit ihrem Kind zu sprechen und seinen kindlichen Bedürfnisse und Äußerungen entsprechend zu handeln und zu reagieren. Diesen Eltern ist es auch mehr oder weniger bewusst, dass sie ihrem Kind einen festen Handlungs- und Orientierungsrahmen geben müssen, in dem es sich als kleine eigenständige Persönlichkeit frei entfalten kann und der ihm Sicherheit in seinen Lebens- und Gefühlsstrukturen gibt. Nur so erhält es, was es für seine gute psychische und emotionale Entwicklung benötigt.

Natürlich wünschen sich Eltern Kinder, die sozial kompetent und selbstbewusst sind bzw. es werden und die gleichzeitig die Fähigkeit entwickeln, sich trotzdem an andere anzupassen. Dies ist jedoch nur möglich, wenn Kinder gewisse Voraussetzungen in ihrem sozialen Umfeld erleben, die ihre Entwicklung zu einer emotional stabilen Persönlichkeit unterstützen.

Diese Grundvoraussetzungen sind:

- eine emotional sichere Bindung zur Bezugsperson
- eine gute soziale Unterstützung durch die Familie und positiven Kontakt zu Gleichaltrigen
- ein positives Selbstwertgefühl
- ein zur Eigenaktivität anregendes Erziehungsklima.

Zeitfenster für emotionales und soziales Lernen

Kinder lernen bis zum Schuleintritt enorm viel und haben bis dahin die größten körperlichen und geistigen Entwicklungsprozesse ihres gesamten Lebens hinter sich gebracht. Was viele nicht wissen, ist, dass auch im Gehirn bis zum Schuleintritt die komplizierteste Hirnregion, das Frontalhirn heranreift. In dieser Hirnregion entstehen alle Verschaltungen der wichtigsten menschlichen Fähigkeiten, die uns erst befähigen, in einer Gemeinschaft mit anderen Menschen zu leben. Kinder lernen in diesem Zeitraum über Gefühle Folgendes:

- den Unterschied zwischen Gefühl und Handlung erkennen;
- sich selbst als eigenständige Person mit ihren Gefühlen wahrzunehmen und sich entsprechend in Beziehung zu setzen zu anderen;
- sich in andere hineinzuversetzen und die eigene Handlung darauf abzustimmen;
- andere Meinungen anzuerkennen;
- Konflikte emotional adäquat zubewältigen.

Nur auf der Grundlage dieser Fähigkeiten sind Kinder in der Lage, ihre Gefühle wahrzunehmen. Daraus resultiert wiederum die Eigenschaft, sich ein Bild von sich selbst machen zu können. Ein gesundes Selbstbewusstsein entwickeln zu können baut wiederum auf eben dieser Fähigkeit auf und darauf, sich in einer Gruppe adäquat verhalten zu können. Doch alle diese Fähigkeiten können Kinder nur lernen, wenn sie Beziehungs- und Orientierungsangebote in ihrer Familie und in Kindertagesstätten erhalten, die ihnen emotionale Sicherheit und Geborgenheit vermitteln. Stress, Druck, psychische und emotionale Belastungen und der Mangel an geeigneten Anregungen und Vorbildern verhindern, dass sich diese hochkomplexen Verschaltungsmuster im Gehirn ausbilden und im Frontalhirn stabilisieren können. Denn unter Stress verhalten wir uns regressiv und greifen auf einfachere und ältere Verhaltensmuster zurück. Kinder haben bei ständiger Überforderung und Überreiztheit noch keine entsprechenden Handlungsmuster gelernt oder lernen können. Daher sind sie unter Stress und Anspannung nicht mehr in der Lage, mit einem adäquaten emotionalen und sozialen Verhalten zu reagieren.

Positive Emotionen erleichtern das Lernen in allen Bereichen

Eltern möchten, dass ihre Kinder selbstbewusst und intelligent werden, und dass ihre Sprösslinge diese Eigenschaften auch im späteren Leben für sich nutzen können. Um die Entwicklung dieser Eigenschaften positiv unterstützen zu können, ist es von grundlegender Wichtigkeit, nicht mit dem kognitiven Anspruch des Erwachsenen an den Lernvorgang der Kinder heranzutreten, sondern immer von der Entwicklungsstufe des Kindes und seinen damit verbundenen Möglichkeiten auszugehen. Nur über die Emotionen könnte Interesse und Neugierde bei Kindern geweckt werden. Das bedeutet: Kinder im Alter von bis zu sieben Jahren können nur effektiv im emotionalen und im kognitiven Bereich lernen, wenn ihre Neugierde geweckt wird und sie Freude und Spaß empfinden. Sie kommen dann in ein Stadium der Selbsttätigkeit, in dem sie mit eigenen Erfahrungen Wissen schöpfen, weil sie mit eigenen Sinnen begreifen. Aus diesem Grund ist zu viel Fernsehkonsum für eine gesunde physische und psychische Entwicklung absolut kontraproduktiv. Ein Kind lernt bis zum Alter von sieben Jahren durch Bewegung und durch emotionale Anteilnahme (z.B. beim Rollenspiel, durch Gemeinschaftsspiele oder wenn es Geschichten vorgelesen bekommt). Nicht nur pädagogische Erfahrung, sondern auch wissenschaftliche Untersuchungen belegen dies.

Wertevermittlung prägen Emotionen und soziale Kompetenzen

Soziales, ethisch korrektes und moralisches Handeln ist für eine harmonische Beziehung zu unserer Umwelt und Gesellschaft erstrebenswert. Die Reifung der Teile des Gehirns, die für diesen Bereich zuständig sind, ist erst nach Abschluss der Pubertät vollständig abgeschlossen. Die Grundlagen werden jedoch vor allem bis zum sechsten Lebensjahr gelegt. Aus diesen Gründen handeln Kinder in den Augen der Erwachsenen häufig „unmoralisch" und sind für „Moralpredigten" meist unzugänglich.

Ausgerechnet aber „Moralpredigten" geben Kindern das Gefühl der Unterlegenheit und nicht das Gefühl, dass sie auch in ihren Defiziten als einmalige Persönlichkeit akzeptiert werden. Haben Kinder eine Bezugsperson, der es gelingt, die Probleme *mit* den Kindern zu besprechen, besteht die beste Aussicht auf Erfolg. Die Kinder fühlen sich trotz einer problematischen Situation akzeptiert. Das ist natürlich leichter gesagt als getan, doch vor allem bis zum siebten Lebensjahr von großer Bedeutung. Denn was Eltern und Pädagogen in dieser Zeit an sozialem Verhalten angelegt haben, zahlt sich später voll und ganz aus!

Ich möchte Ihnen eine typische Situation aus meiner Unterrichtspraxis mit drei- bis siebenjährigen Kindern beschreiben, die Ihnen als Eltern ebenso bekannt vorkommen wird. Diese Situation wiederholt sich im Prinzip zwischen allen Kindern, sei es in der Familie, unter Geschwistern oder mit Freunden. Ausgangspunkt ist, dass Kinder anderen mit Absicht oder aus Versehen Schmerzen zufügen, indem sie schubsen, hauen oder umrennen. Im Unterricht belasse ich es allerdings nicht nur bei einer Ermahnung meinerseits, sondern diese Kinder müssen sich ganz bewusst bei dem anderen Kind entschuldigen. Dabei geben sie dem anderen Kind die Hand, schauen ihm in die Augen und wählen ungefähr diese Worte: „Entschuldigung, dass ich dich geschubst habe und du dir deswegen wehgetan hast." Das andere Kind gibt dann zu erkennen, ob es die Entschuldigung akzeptiert, was in der Regel immer der Fall ist. Beschuldigt allerdings jedes Kind das andere, angefangen zu haben, dann müssen sich beide beim jeweils anderen entschuldigen. Dies sind zwar scheinbar nur kleine Gesten, aber ich halte sie für die Entwicklung von Werten im Umgang miteinander von entscheidender Bedeutung, und es prägt die Kinder für ihr Leben.

Ein „schlechtes Gewissen" entsteht bei Kindern bis zum sechsten/siebten Lebensjahr nicht daraus, dass sie sich in ihrer kindlichen Ich-Bezogenheit eines unmoralischen Handelns bewusst sind. Nur aus der Spannung zwischen einem erstrebenswerten Zustand (Süßigkeiten essen) und der Androhung einer Strafe (eine Woche Fernsehverbot) entsteht Angst davor, dass das eigene Handeln entdeckt werden könnte. Damit entsteht Angst vor der Strafe und eine Art von „schlechtem Gewissen". Legen Eltern jedoch zu wenig Wert auf eine adäquate, emotionale Erziehung und auf die gleichzeitige Entwicklung von sozialen Kompetenzen, so kann sich in dem Kind keine innere Wertestruktur bilden, die wiederum die Grundlage für sein soziales, ethisches und moralisches Handeln im weiteren Leben ist.

Haben Einzelkinder Nachteile in ihrer emotionalen Entwicklung?

Kinder bis zum dritten Lebensjahr sind noch nicht in der Lage, Gruppenprozesse zu überblicken und sich entsprechend daran zu beteiligen. Sie handeln in ihrer altersgemäßen Egozentrik und ahmen die Personen nach, die ihnen etwas bedeuten und die mit ihnen etwas Interessantes unternehmen – und sei es nur, die Blumen zu gießen. Erst ab dem Alter von drei Jahren entwickeln Kinder die Fähigkeit, sich in andere hineinzuversetzen, und mit zunehmendem Alter (bis zur Einschulung) lernen sie auch, sich in die Perspektive eines anderen Menschen hineinzuversetzen und dessen Handlungsweise zu verstehen.

Aus diesem Grund verpasst ein Einzelkind im Vergleich zu Altersgenossen, die Geschwister haben, bis zum Eintritt in den Kindergarten (im Alter von drei Jahren) nicht viel in seiner emotionalen Entwicklung, wenn es verlässliche Bezugspersonen hat und einen Rahmen, in dem es sich bewegen und ausprobieren kann.

Verletzungen der Kinderseele und ihre Auswirkungen

Viele Probleme im Erwachsenenalter sind auf emotionale Erlebnisse in der Kindheit zurückzuführen, die im emotionalen Erfahrungsgedächtnis der ersten Lebensjahre gespeichert sind und die stark prägend waren. Je stärker und unbewusster jedoch Gefühlsreaktionen sind, desto weniger haben wir sie im Griff. Emotionale Erziehung unterstützt aus diesem Grunde Kinder ganz gezielt dabei, sehr bewusst mit diesen starken Gefühlen umzugehen. Das funktioniert dadurch, dass Sie als Eltern offen Situationen aufgreifen und mit Ihren Kindern altersgemäß darüber sprechen oder der Situation angemessen handeln bzw. reagieren.

Letztlich ist eine Kindheit, die auf Vertrauen, Liebe, Verlässlichkeit und Verständnis beruht, das Beste, was Eltern ihren Kindern mitgeben können. Wir Erwachsenen müssen uns immer wieder vor Augen führen, dass unsere Kinder einzigartig sind und außerdem das Kostbarste, was wir auf der Welt haben.

2 Gefühle pur! Wütend, traurig und dann fröhlich

Was Sie wissen sollten

Kennen Sie auch das warme und wohlige Gefühl, wenn Glückswogen Ihren Körper durchziehen, oder das ganz gegenteilige Gefühl, wenn langsam die Wut in Ihnen aufsteigt? Es gibt Gefühlswelten, die in direkter Verbindung mit unserem Körper entstehen. Vor allem Kindern sind diese elementaren und affektiven Gefühle genau anzusehen. Sie müssen jedoch erst lernen, wie sie mit diesen „Naturgewalten“, vor allem mit den unangenehmen wie Wut, Angst und Trauer, umgehen sollen und wie sie sie zu kanalisieren haben. Aus diesem Grund ist das elterliche Beispiel, die Art, wie Eltern anderen Menschen und allen voran ihren Kindern begegnen und wie sie sie behandeln, für die Entwicklung des kindlichen Gefühlslebens von entscheidender Bedeutung.

Eltern sind emotionale Vorbilder

Ob die Eltern einfühlsam sind oder strenge Disziplin erwarten, ob sie gleichgültig sind oder Wärme und Geborgenheit vermitteln – Kinder nehmen die subtilsten emotionalen Vorgänge in der Familie wahr und lernen viel von ihren Eltern, auch in der Art und Weise, wie die Partner miteinander umgehen. Viele wissenschaftliche Untersuchungen berichten, dass es für Kinder ein großer Vorteil ist, wenn sie emotional intelligente Eltern haben. Diese Eltern können offensichtlich ihren Kindern im Chaos der Gefühle am wirkungsvollsten helfen. Langzeituntersuchungen haben außerdem ergeben, dass Kinder emotional intelligenter Eltern stressresistenter sind, weil sie ein gesünderes Selbstbewusstsein besitzen. Sie haben weniger Verhaltensprobleme mit Wut und Aggressivität und sind dadurch bei ihren Altersgenossen beliebter. Schließlich resultieren aus diesen Dispositionen auch bessere kognitive Leistungen: Durch die gute emotionale Basis, die diese Kinder von ihren Eltern erhalten, können sie bei gleichem IQ aufmerksamer in der Schule sein.

Gefühle zulassen

Der Umgang mit der Welt der Gefühle ist in der Erziehung oft ein regelrechter Balanceakt, denn Eltern wollen und dürfen nicht der Spielball von Kinderlaunen werden. Trotzdem ist es wichtig, dass Sie immer mit Ihrem Kind über die momentanen Gefühle (Ihre und die Ihres Kindes) sprechen. Dadurch lernen Kinder, diese Gefühle zu erkennen, zu benennen, zu beschreiben und – nicht zuletzt – im Laufe der Zeit eben auch mit ihnen umzugehen. Mit einigen Beispielen aus dem Alltag im Leben mit Kindern möchte ich Ihnen verdeutlichen, wie dieser emotionale Balanceakt in der Welt der Gefühle aussehen kann.

Geht es um Machtspiele, wie zum das klassische Beispiel an der Supermarktkasse, sollten Sie absolut nicht nachgeben und klipp und klar argumentieren: „Nein, du bekommst den Riegel nicht!", egal, welches Theater und wie viele genervte Blicke Sie sich damit einhandeln. Kommt Ihr Kind allerdings bedrückt oder wütend vom Kindergarten oder vom Spielplatz nach Hause, ist es wichtig, dass Sie nachfragen und nicht gleichgültig darüber hinweggehen, weil es gerade nicht in Ihren Zeitplan passt. Nur so kann Ihr Kind lernen, über Situationen, in denen es ihm nicht gut ging, nachzudenken und Lösungen zu finden. Jedoch ist es ebenso bei positiven Gefühlen wie Fröhlichkeit und Freude wichtig und sinnvoll nachzufragen. Sie nehmen dadurch wesentlich mehr Anteil am Leben Ihres Kindes, und dies stärkt die Beziehung zu ihm sehr. Geteilte Freude ist doppelte Freude und geteiltes Leid halbes Leid!

Freude, Glück und Spaß

Schön wäre es, wenn wir immer nur glücklich wären. Wenn nur die Freude an unseren Kindern und Freunden und an unserer erfüllenden und schönen Arbeit unser Leben bestimmen könnte. Es wäre allerdings fraglich, ob wir dann wirklich auf Dauer das Glück, die Freude und den Spaß überhaupt noch stark empfinden könnten. Uns fehlte ja das Gegenteil, denn die positiven Gefühle sind nun mal das Gegenstück zu Angst, Wut und Trauer. Aus diesem Grund ist es wichtig, dass wir unseren Kindern das ganze Spektrum der Gefühle vorleben, vor allen Dingen aber, wie wir am besten mit diesen Gefühlen umgehen.

Am wenigsten Probleme bereitet natürlich der Umgang mit den Gefühlen von Freude und Glück. Trotzdem ist es durchaus sinnvoll, sich einmal die enorme Wichtigkeit dieser positiven Gefühle in der emotionalen Erziehung von Kindern vor Augen zu führen. Denn ohne diese Gefühle wäre ein Leben und vor allem ein Kinderleben nicht lebenswert!

Glück

Das Gefühl von Glück ist sehr komplex und umfassend. Glück geht tief in unser Innerstes und gibt die Basis für ein gutes Lebensgefühl. Wir empfinden es in Situationen, die sich vor allen Dingen auf unsere eigene Person beziehen. Etwas sehr gut hinzubekommen, erfolgreich zu sein, mit anderen Menschen schöne Erlebnisse zu haben oder Musik oder ein Bild zu genießen, sind Situationen, in denen wir glücklich sein können. Wie glücklich strahlen Kinderaugen, wenn sie den heiß geliebten Opa endlich wiedersehen! Die Grenzen zwischen Spaß, Freude und Glück sind durchaus fließend.

Freude und Spaß

macht Kindern vieles: durch Pfützen rennen, einen Schneemann bauen oder ein Lied singen. „Freude und Spaß“ beschreiben im Vergleich zum Wort „Glück“ das Gefühl, wenn wir uns innerhalb einer Aktivität wohl fühlen und diese gerne tun. Kinder haben extrem viel Spaß und Freude an allem, an dem sie aktiv beteiligt sind. Sie sind regelrecht gierig auf Neues und wollen gerne mit anderen ihren Spaß teilen. Sind Kinder schon etwas größer, hängt der Spaßfaktor stark damit zusammen, was sie machen. Spaß bekommen kann ein Kind – wie auch ein Erwachsener – durchaus erst während und durch eine Aktivität, auch wenn es erst mal keine Lust dazu hatte. Jedoch muss sich bei Kindern die Fähigkeit, sich selbst zu Tätigkeiten zu motivieren und Freude und Spaß daran zu gewinnen, erst entwickeln. Sogar viele Erwachsene lernen dies im Laufe ihres Lebens nie! Kinder eignen sich diese Fähigkeit am besten dadurch an, dass sie mit ihren Eltern oder anderen – älteren – Beziehungspersonen zusammen etwas tun und diese während der gemeinsamen Tätigkeit beobachten können. Sie erfahren dabei, was Durchhaltevermögen bedeutet und dass das gemeinsame Arbeiten und auch das gemeinsame Durchhalten und Eine-Sache-Beenden Spaß machen. Wenn zum Beispiel ein fünfjähriges Kind das Gras im Garten zusammenrecht, sieht es nachher am großen Grashaufen, was es geschafft hat. Und hat anschließend riesig Spaß daran, sich hinein-plumpsen zu lassen! Das Kind macht etwas Sinnvolles, was sonst die „Großen“ tun, und etwas, das für die ganze Familie von Nutzen ist. Durch dieses Tun fühlt es sich selbst bestätigt, sein Selbst-wertgefühl wird gestärkt und es verspürt nun nicht mehr nur Spaß, sondern auch innere Freude und Zufriedenheit. Kurzum, das Kind ist glücklich!

Was bedeuten die positiven Gefühle für die Erziehung?

Kinder sind von Natur aus Lebenskünstler und passen sich allen Gegebenheiten so gut wie möglich an. Damit sie aber aus den Anlagen, die sie in dieses Leben mitbringen, Begabungen und Charakterstrukturen entwickeln können, müssen sie von ihrer Umwelt positiv und unterstützend begleitet werden. Normal entwickelte Kinder sind von ihrer psychischen Grundstruktur freundlich und neugierig und lassen sich leicht motivieren. Dadurch sind sie für viele Dinge auch schnell zu begeistern. Einfühlsame Erwachsene freuen sich dabei mit, was die Kinder wiederum sehr motiviert. Diese emotionale Beteiligung der erwachsenen Bezugspersonen ist neben den beiden anderen Faktoren Verlässlichkeit/Vertrauen und Liebe ein wichtiger Grundpfeiler für eine gute emotionale Erziehung. Nur wenn Kinder in das Vertrauen, die Liebe und die emotionaler Beteiligung ihrer Bezugspersonen „eingehüllt“ sind, sind sie von Grund auf glücklich, offen und neugierig auf alles, was ihnen begegnet. Die Erwachsenen sind ihr Vorbild und alles, was die „Großen" machen, ist für Kinder von brennendem Interesse. Ohne Freude und Spaß lassen sich Kinder wenig motivieren und lernen nur widerwillig. Interessierte Eltern und Bezugspersonen, egal ob zu Hause, in Kindergarten oder Schule, versuchen, die Kinder auf einer emotionalen und kindgerechten Ebene anzusprechen und sie dadurch zu motivieren. Gelingt dies, lernen Kinder mit Freude, und diese kindgerechte emotionale Einbettung trägt dazu bei, dass die Kinder eine glückliche Kindheit erleben.

Wut, Aggression und Trotz

Jeder Mensch hat das Recht, seine Gefühle zu zeigen, auch Wut und Zorn. Es kommt natürlich darauf an, wie! Nicht nur Kinder, leider auch viele Erwachsene müssen noch lernen, diese oft massiven Gefühle zu kanalisieren, damit andere Menschen durch ihren Gefühlsausbruch nicht in Mitleidenschaft gezogen werden.

Wut und Trotz lassen sich auf den ersten Blick nicht unbedingt sofort unterscheiden. Aber die Wut über die zerstörte Sandburg oder die Wut auf sich selbst, weil man sein Lieblingskuscheltier verloren hat, ist etwas anderes als Trotz. In einer trotzigen Reaktion will das Kind mit Absicht das Gegenteil, um die Wirkung und die Macht seiner Gefühle zu spüren und sich bewusst von seiner Umwelt abzugrenzen. Mit Wut reagieren Kinder dagegen, wenn sie sich über andere und über sich selbst ärgern. Dieser Ärger kann sich plötzlich explosionsartig zur Wut steigern und überflutet dann die Kinder regelrecht. Wut ist eine elementare Emotion, die uns angeboren ist. Kinder müssen erst lernen, mit diesem „umwerfenden" Gefühl umzugehen und die dabei entstehende Energie zu kanalisieren. Aus diesem Grund ist es unbedingt wichtig, einem wütenden Kind zu helfen. Denn es ist diesem Gefühl, das mit ihm etwas macht, was es vielleicht gar nicht wirklich will, regelrecht ausgeliefert.

Unterdrückt das Kind die empfundene Wut, vielleicht aufgrund erzieherischer Vorgaben, so kann sich diese unterdrückte Wut ebenfalls fatal auswirken. Hat man nicht gelernt, Wut richtig zu kanalisieren, genügt oft nur ein kleiner Funke, damit es zu einer emotionalen Explosion kommt, die oftmals mit der eigentlichen Situation überhaupt nichts mehr zu tun hat. Unterdrückte Aggressivität kann sich jedoch auch nach innen richten und vielfältige psychosomatische Beschwerden auslösen, die sich irgendwann in echten körperlichen Krankheiten niederschlagen; das gilt für Kinder ebenso wie für Erwachsene. Bauch- und Kopfschmerzen, Selbstverletzung, Herzbeschwerden, Essstörungen, Hautkrankheiten etc. sind nur einige Beispiele. In der Psychotherapie wird davon ausgegangen, dass ein großer Teil der körperlichen Erkrankungen seinen Ursprung in ungelösten seelischen Konflikten hat.

Gerade die energiegeladene Wut hat – wie oben schon erwähnt – zwei Seiten. Es tut gut, wenn man seine Aggressivität bis zu einem gewissen Grad auslebt. Die beste Möglichkeit dafür ist sicher, Sport zu treiben. Jeder Erwachsene sollte gelernt haben, mit seiner Wut im Bauch vernünftig umzugehen. Kinder müssen dies erst lernen. Nur wenn es Kindern ermöglicht wird, ihre Gefühle zeigen zu dürfen, können sie lernen, mit ihnen umzugehen.

Wut und Streit im Kinderalltag

Alle Eltern kennen das Problem. Ein Kind kommt weinend zu den Eltern gelaufen. Es schluchzt herzerweichend: „Der blöde Olli hat mich gehauen!". Unter Unständen wird man als Eltern aus Bequemlichkeit dazu „verführt", bei einem Konflikt parteiisch Stellung für eines der streitenden Kinder beziehen. Das ist jedoch für die Entwicklung des beschuldigten Kindes sehr schlecht, weil es dann zum Sündenbock abgestempelt wird und aus Frustration darüber immer häufiger in der von den Eltern erwarteten Form über die Stränge schlägt. Das Kind wird außerdem im innersten Persönlichkeitskern verletzt, weil die Eltern seine Persönlichkeitsgrenze überschritten und die Würde des Kindes untergraben haben. Sie meinen zu wissen, welches Kind schuld ist und welches Unterstützung braucht.

Deswegen ist es von äußerster Wichtigkeit, sich bei Streitereien alle Varianten der Kinder anzuhören und den Kindern Lösungsmöglichkeiten aus der Wut aufeinander aufzuzeigen.

Elena spielt mit Mark und Moritz im Kinderzimmer. Sie haben eine tolle Stadt mit vielen Figuren aufgebaut. Paul, der kleine Bruder von Elena, kommt herein und will mitspielen. Die größeren Kinder wehren sich. „Dazu bist du zu klein!", „Das kannst du noch nicht!" Da tritt Paul einfach in die aufgebaute Stadt und zerstört sie. Die drei anderen Kinder schreien und toben vor Wut. Elena schubst wütend ihren kleinen Bruder um und rennt heulend aus dem Zimmer. Paul ist unglücklicherweise gegen die Bettkante geknallt und läuft ebenfalls schreiend zur Mutter. Elena berichtet unter Tränen, dass Paul alles kaputtgemacht hat. Paul setzt sich heulend auf den Schoß der Mutter, nuckelt am Daumen und kuschelt sich an sie.

„Das finde ich nicht in Ordnung, dass du einfach alles kaputtgemacht hast", sagt seine Mutter zu ihm. „So lassen dich die Kinder doch nie mitspielen. Du musst dich bei ihnen entschuldigen." Paul entschuldigt sich. „Und ihr drei seid auch nicht gerade nett zu Paul gewesen. Ihr entschuldigt euch jetzt auch und du Elena auch dafür, dass du ihn umgeschubst hast!" Alle drei entschuldigen sich bei Paul. Dann meint die Mutter: „Jetzt überlegen wir gemeinsam, wie wir es schaffen können, dass ihr alle vier zufrieden seid."

In dieser Phase gibt es natürlich verschiedene Lösungsmöglichkeiten. Paul freut sich sicher, wenn er erst mal mitspielen darf. Da er erst drei Jahre ist, wird es ihm nach kurzer Zeit wahrscheinlich sowieso langweilig werden und er wird etwas anderes spielen oder aus dem Zimmer gehen. Oder Paul und die drei größeren Kinder entscheiden, gemeinsam ein ganz neues Spiel zu beginnen, sodass die alte Situation nicht mehr die Grundlage für das neue gemeinsame Spielen ist.

Die Mutter fühlt sich zwar in die verschiedenen Kinderseelen ein, bleibt aber in ihrem Urteil neutral. Sie gibt Impulse und führt die Kinder zu einer Lösung, mit der alle einverstanden sind.

In diesem Beispiel sind die Kinder aus ihrem Konflikt heraus von sich aus zu einer erwachsenen Vertrauensperson gelaufen. Hätten sie es nicht getan, dann hätte die Mutter sich besser auch nicht eingemischt. Wäre der kleine Paul zur Mutter gelaufen, weil er Schmerzen wegen der Beule gehabt hätte, hätte die Mutter die anderen Kinder fragen müssen, wie es dazu gekommen ist. Der Lösung wäre dann mit der Mutter als Vermittlerin die gleiche geblieben.

Es ist wichtig, dass Kinder lernen, dass Wut und Zorn nicht an anderen Menschen, an Tieren und Gegenständen ausgelassen werden dürfen. Nur weil ein Kind nicht das bekommt, was es will, kann es nicht auf andere Kinder losgehen oder etwa ein Glas mit Absicht kaputt machen.

Körperliche Aggressivität entsteht immer, wenn eine der Parteien oder beide nicht mehr miteinander sprechen können. Gewalt ist letztlich ein Zeichen von Ohnmacht, Hilflosigkeit und Verzweiflung. Aus diesem Grund müssen Kinder lernen, sich sprachlich auseinander zu setzen, und das fängt schon bei den ganz Kleinen an.

Die Trotzphase

Im Alter zwischen 18 Monaten und längstens sechs Jahren proben die Kinder den Aufstand, sie trotzen. Der Brockhaus (2001) meint dazu: *„Trotz, von inhaltlich-sachlichen Bezügen und Vernunftgründen unbeeinflussbarer innerer und äußerer Widerstand gegen andere Personen und deren Anforderungen, gegen Dinge und manchmal auch gegen unliebsame Einsichten und Notwendigkeiten.“* Besser kann man es nicht in Kürze zusammenfassen.

Das Kernalter der Trotzphase ist im zweiten bis dritten Lebensjahr. Das Ausmaß der Trotzphase, ihre Massivität und auch ihre Länge ist von Kind zu Kind sehr unterschiedlich.

Da mein älterer Sohn schon als Baby einen extrem starken Willen hatte, kann ich mich an eine Steigerung während der Trotzphase nicht erinnern. Sein Trotz war von Anfang an auf einem hohen Level und hat sich nur in der zweiten Trotzphase, der Pubertät, noch einmal etwas gesteigert. Der Jüngere war das Gegenteil, ruhig und leicht zufrieden zu stellen. Deshalb erinnere ich mich an seinen einzigen Trotzanfall mit ca. drei Jahren, als er sich ohne Vorwarnung in einer Arztpraxis auf den Boden warf, um sich schlug und lauthals brüllte. Aber das war es dann. Vielleicht habe ich so etwas wie ausgleichende Gerechtigkeit erfahren.

Warum haben Kinder Trotzanfälle?

In der Trotzphase entdecken die Kinder das „Nein!“. „Nein sagen“ bewirkt eine Veränderung ihres bisherigen Zusammenlebens mit den Eltern. Die Kinder merken, dass sie durch ihr Nein-

Sagen Macht über die Handlungen und Gefühle anderer Menschen haben. Das klingt zunächst negativ, ist jedoch für die gesunde Entwicklung eines Kindes unbedingt notwendig. Innerhalb dieses Prozesses erfahren sich die Kinder als eigenständige Persönlichkeit und bilden eine Ich-Identität aus, die ihren Charakter für immer prägen wird. Die Kinder trauen sich immer mehr, etwas ohne die Hilfe ihrer Eltern auszuprobieren, doch müssen sie natürlich immer mit altersbedingten Defiziten leben.

Und hier ist das Grundproblem zu sehen: Kinder zwischen zwei und sechs Jahren wollen die Welt erobern, sie sind neugierig und experimentierfreudig. Sie stoßen aber beispielsweise durch ihre noch beschränkten motorischen Fähigkeiten permanent an ihre Grenzen. Dann kommen ihre Eltern auf den Plan, versuchen zu helfen und sagen ihnen, wo es langgeht. Bei gefährlichen oder undurchführbaren Wünschen verneinen und vermeiden sie die Wünsche ihrer Kinder. Und das löst dann meist die Grundsituationen dieser Ur-Konflikte und die vehementen Trotzattacken in diesem Alter aus. Im Moment des Anfalls wollen die Kinder am liebsten das „Nein" der Eltern mit den Füßen wegstampfen, wegkratzen und wegschreien.

Ein Kind lernt während der Trotzphase enorm viel, vorausgesetzt es hat Eltern, die ihm einerseits den Spielraum für seine Wut lassen und andererseits mit ihm in Ruhe über sein Verhalten sprechen. Nur so kann ein Kind langfristig die Notwendigkeit von Kompromissen, von Rücksichtnahme, von gegenseitiger Akzeptanz begreifen. Ohne diese Entwicklungszeit wird aus keinem Kind ein eigenständiger Mensch. Nach der Trotzphase kann man einige Jahre durchatmen – bis zur Pubertät, in der es dann heißt: „Auf ein Neues ...!"

Was ist zu tun bei Wut und Trotz?

Kinder kommen mit bestimmten genetischen Anlagen auf die Welt, die durch ihre Umwelt gegebenenfalls verstärkt werden können. Sind Eltern z.B. selbst relativ temperamentvoll, ungeduldig und aufbrausend, so brauchen sie sich nicht zu wundern, wenn ihr Kind ebenfalls so ist. Geschwister haben zu ca. 50 % die gleichen Gene, trotzdem werden Sie vielleicht beobachten, dass Sie auf das eine Kind, das Ihnen vielleicht in der aufbrausenden Art ähnlich ist, „allergischer“ reagieren. Dieses Kind spiegelt Ihnen permanent Ihre eigene Art, mit Situationen umzugehen, und dieser Spiegel ist manchmal absolut nicht angenehm.

Bei Wutausbrüchen brauchen Sie eine dicke Elefantenhaut! Bleiben Sie ruhig und gelassen. Schimpfen macht es nur noch schlimmer, und handgreiflich zu werden ist absolut verboten und würde Ihr Kind sowieso nur in seinem Trotz bestärken! Versuchen Sie immer, diese Ausbrüche weitestgehend zu ignorieren.

Und wie reagieren Sie, wenn das Kind andere Kinder angreift, gegen Sachen tritt oder sich selbst vor lauter Rage in Gefahr bringt? Hier heißt die Devise: eingreifen! Und zwar ruhig und gefasst. Falls Sie laut werden müssen, um überhaupt zu Ihrem Kind durchzudringen, dann bleiben Sie distanziert laut. Das bedeutet: Maßregeln Sie Ihr Kind nicht mit persönlich angreifenden Worten wie: „Jetzt fängst du schon wieder an zu spinnen! Bei dir piepst‘s wohl!“ Räumliche Distanz tut nun Wunder. Sagen Sie in bestimmtem Ton: „Geh jetzt in dein Zimmer!“, in der gerade nötigen Lautstärke und führen Sie das Kind notfalls dorthin.

Wichtig: Eltern müssen sich immer wieder vor Augen halten, dass diese Phase für die Entwicklung ihres Kindes wichtig ist und nichts mit ihnen – den Eltern – persönlich zu tun hat.

Und noch ein Hinweis: Da Kinder bis zum Alter von vier Jahren noch nicht die Möglichkeit haben, Konflikte durch sprachliche Kommunikation zu lösen, lassen sie öfter die „Fäuste“ sprechen.

Erklärungen nützen nie etwas, wenn die Gefühle schon überkochen. Bei Wutausbrüchen und Bockigkeit habe ich mir bei meinen eigenen Kindern, vor allem bis zum Alter bis ca. sechs Jahren, zur Regel gemacht, sie an die Hand zu nehmen und dorthin zu bringen, wo ich sie in diesem Moment hin haben wollte. Will beispielsweise das Kind aus unerfindlichen Gründen nicht im Auto mitfahren, so finde ich es als Mutter vollkommen überflüssig, mit ihm eine unsinnige Diskussion anzufangen, wenn es keine Alternative zu dieser Entscheidung gibt. Ich kann ja das Kind nicht alleine zu Hause lassen. Also nehme ich das Kind an der Hand oder trage es und gehe dann zum Auto. Das Kind lernt, dass es über bestimmte Angelegenheiten kein Mitspracherecht haben kann, weil es größere Zusammenhänge noch nicht überblickt. Das ist für das Kind vielleicht in diesem Moment ein Gefühl der Machtlosigkeit, gibt ihm aber auf der anderen Seite das Gefühl von Geborgenheit. Im Sinne von: „Mama weiß schon, was gut für mich ist!“

Eine andere Methode ist, dass Sie Ihrem Kind die „rote Karte“ zeigen. Das heißt im Klartext, dass es sich in ein anderes Zimmer zurückziehen soll, bis es sich wieder beruhigt hat. Erst dann kann man gemeinsam über den Wutausbruch sprechen. Auch die Eltern brauchen eine Auszeit, um wieder mit klarem Kopf vernünftig mit dem Kind reden zu können.

Manche Kinder reagieren noch mit sechs bis sieben Jahren mit extremen Wutausbrüchen, weil irgendetwas nicht nach ihrem Kopf geht oder weil sie nicht verlieren können. Sie haben eine niedere Frustrationstoleranz (siehe auch Kapitel 3: „Sich selbst vertrauen können“, Seite 35) und benötigen eine ruhige Hand, die ihnen Grenzen aufzeigt. Ansonsten werden sie es später schwer haben, ihr Leben in den Griff zu bekommen.

Nach einem Wutanfall

Die kindlichen Autonomiebestrebungen in Form von Wutattacken wechseln sich häufig mit dem Wunsch nach Nähe und Geborgenheit ab. Trotzdem sind nach einem Wutanfall klare Worte gefordert, um die „Rangordnung“ zu Hause wieder ins Lot zu stellen: „Du hast mich weder zu beschimpfen noch zu schlagen noch hast du die Türe zuzuknallen.“ Hat sich das Kind nach einem Wutanfall beruhigt, wenden Sie sich ihm zu und geben Sie ihm die Möglichkeit, mit Ihnen zur Ruhe zu kommen, über die Vorkommnisse zu sprechen und Geborgenheit zu tanken.

Trauer

Trauer und Abschiednehmen gehören zum Leben wie Geburt und Neubeginn. Wir trennen uns von unseren Eltern und unsere Kinder von uns. Wir trennen uns von unseren Partnern, und manchmal stirbt auch jemand, der uns viel bedeutet hat. Trauer gehört zu den unangenehmsten Gefühlen, weil wir uns der Trauer oft über eine lange Zeit ausgeliefert fühlen. Sie setzt jedoch voraus, dass wir uns innerlich mit einem Menschen, einem Tier und auch mit Gegenständen verbunden haben. Nur dann kann überhaupt das Verlustgefühl in Form von Trauer entstehen. Für Kinder darf der Umgang mit Trauer kein Tabuthema sein, denn je früher sie lernen, diese Emotion auszuhalten und sie als eine natürliche zu verstehen, desto stärker werden sie vorbereitet auf weitere Situationen, in denen sie im Leben Abschied nehmen müssen.

Als Kind wurde ich schon relativ früh mit dem Betrachten von toten Menschen konfrontiert. In katholischen Gegenden ist es üblich, vor der Beerdigung von den Toten Abschied zu nehmen, und zwar am offenen Sarg. Ich fühlte mich den Erwachsenen gleichberechtigt, als ich im Alter von sechs

Jahren von meiner kleinen Kusine Abschied nehmen und mit allen anderen Angehörigen an der Trauer teilhaben konnte. Die Endgültigkeit einer Entscheidung über Leben und Tod habe ich mit neun Jahren begriffen, als mein fünf Jahre älterer Bruder meinem todkranken Hamster mit der Hacke den erlösenden Todesstoß versetzte.

Das sind alles Begebenheiten, die mir spontan zum Thema Tod/Trauer/Kindheit einfallen und die mich geprägt haben. Letztlich habe ich vor allem durch meine eigenen Kindheitserinnerungen gelernt, Trauer zuzulassen und als Teil meines Menschseins zu begreifen.

Nehmen Sie Trennungen, sei es durch Tod oder durch das Zerbrechen von Beziehungen, als Teil des Lebens an und versuchen Sie, dies Ihrem Kind ebenfalls zu vermitteln. Allerdings ist ein Kind erst im Alter von ca. sechs Jahren in der Lage, die Endgültigkeit des Todes zu erkennen. Kinder bis zum Alter von drei Jahren können nicht begreifen, dass z.B. die Oma nicht wiederkommen kann. Da Kinder in diesem Alter noch völlig dem magischen Denken verhaftet sind, ist es dringend notwendig, ihnen immer wieder zu versichern, dass sie keinerlei Schuld tragen daran, dass jemand, den sie lieben, gestorben ist.

Als Ausgleich zu der mit einem Verlust einhergehenden seelischen Verunsicherung brauchen Kinder dann viel Geborgenheit und Verlässlichkeit in den Handlungen ihrer Eltern. Beim Verlust eines geliebten Menschen ist es wichtig, dass Eltern auch hier die richtigen Worte finden: „Der Körper wird begraben, und seine Seele ist im Himmel." Der Tote schläft nicht, sondern ist wirklich gestorben und das sollte man zwar behutsam, aber dennoch ausreichend deutlich formulieren. Trotzdem können Kinder den Tod im Vorschulalter nicht endgültig begreifen, weil sie ihn gefühls- und verstandesmäßig nicht verarbeiten können.

Ab dem Alter von vier Jahren beginnen Kinder, sich konkret mit dem Tod zu beschäftigen. Dann üben beispielsweise tote Vögel oder Skelettfunde von Tieren eine große Faszination aus.

So lernt Ihr Kind, mit „Gefühlen pur!“ umzugehen

Mit diesem breit gefächerten Beschäftigungsangebot zum Thema „Gefühle pur!“ haben Sie die Möglichkeit, Ihrem Kind je nach Bedarf eine Geschichte vorzulesen, ein Lied mit ihm zu singen oder verschiedene Spiele und Spielformen zum Themenkreis Freude, Wut und Trauer durchzuführen. Sie helfen Ihrem Kind damit, sich damit auf kindgerechte Weise mit diesen Themen auseinander zu setzen, seine diesbezüglichen Gefühle wahrzunehmen und im Laufe der Zeit immer besser mit ihnen umgehen zu lernen.

Hinweis: Angebote zu den Themen Angst (Kapitel 10: „Ich darf Angst haben!“, Seite 129) und Freundschaft (Kapitel 5: „Ich hab dich zum Streiten gern!“, Seite 59) können Sie ergänzend dazu einsetzen.

Geschichte: „Der erste Tag nach dem Umzug“ (CD/MC, Track 2)

In dieser Geschichte werden mehrere Gefühle beschrieben. Trauer, Wut und Freude kommen darin vor. Geschichten geben den Kindern eine innere Projektionsfläche, auf der sie sich mit den Darstellern identifizieren können. Diese emotionale Beteiligung ermöglicht ihnen, das Gefühlte auf einer relativ unbewussten Ebene mit den eigenen Gefühlen zu vergleichen und entsprechend umzuwandeln und zu verarbeiten.

Der erste Tag nach dem Umzug

„Guten Morgen, Jan! Aufstehen!“ Jan reibt sich verschlafen die Augen und will aus seinem Bett steigen. Doch dann schaut er sich verdutzt um. Er weiß überhaupt nicht, wo er ist, alles ist fremd hier. Das Bett ist nur eine Matratze, die Fenster sind kahl und leer, kein Bild hängt an der Wand, und alles riecht seltsam nach Farbe.

Papa kommt ins Zimmer. „Na, du kleiner Räuber, hast du gut geschlafen?“, sagt er und strubbelt aufmunternd Jans Haare. „Was du in der ersten Nacht in einer neuen Wohnung träumst, soll in Erfüllung gehen. Hast du denn was geträumt?“ Jan überlegt, dann meint er etwas bockig: „Nö, ich kann mich an nichts erinnern.“ „Macht nichts, Jan“, meint Papa, „komm frühstücken. Du hast heute deinen ersten Tag im neuen Kindergarten.“ Aber Jan findet das alles gar nicht so toll wie seine Eltern. Gestern sind sie weggezogen, weg von seinem heiß geliebten Freund Oliver, der lieben Oma Klara, die ein Stockwerk tiefer gewohnt hat, und nicht zu vergessen von Anita, der Erzieherin im Kinder-

garten. Jan fängt an zu schluchzen. Tränen steigen ihm in die Augen, sodass er fast nichts mehr sehen kann, als er sich anzieht.
Als er bei der Katzenwäsche im Bad in den Spiegel schaut, blicken ihn traurige, verweinte Augen an. Am Frühstückstisch bringt er kein Stück Brot hinunter. „Ich habe Bauchweh!", jammert Jan. „Armer Jan!", bedauert ihn Mama. Plötzlich bricht Jan in Tränen aus. „Ich will wieder zurück in die alte Wohnung. Ich will zu Oliver, zu Oma Klara und Anita!" Dann steht er auf und läuft in sein Zimmer. Wütend knallt er die Tür zu.
Nach einiger Zeit klopft es leise an seiner Tür und Mama kommt rein. Sie streichelt Jans Kopf, doch der wird wieder wütend und legt sich auf die andere Seite. „Jan ...", beginnt Mama, „Jan, hör mir mal zu. Wir sind jetzt hier in der Altschlossstraße. Du musst dich damit abfinden, dass wir nicht mehr im Grünen Weg wohnen. Oliver besuchen wir, sooft du willst." „Ich will zurück!", heult es aus dem Kissen, in das sich Jan hineingegraben hat. „Das kannst du auch, zu Besuch", meint Mama. „Komm jetzt, Papa und ich bringen dich in den Kindergarten."
Als Jan im Kindergarten ankommt, werden er, Mama und Papa am Eingang von Olga, einer freundlichen Erzieherin, begrüßt. Sie führt Jan gleich in die Bärengruppe. Die anderen Kinder schauen ihn neugierig an. Ein Junge kommt auf ihn zu und streckt ihm ein Auto hin, aber Jan schiebt die Unterlippe vor und vergräbt sich in Papas Mantel.
Olga lächelt Jan mitfühlend an und meint aufmunternd: „Du hast heute einen guten Tag erwischt! Wir haben gleich Turnen und anschließend feiern wir Annas Geburtstag."
Mama und Papa verabschieden sich, und Jan geht mit den anderen Kindern in den Turnraum. Während die Kinder lustige Spiele machen, steht Jan mit verschränkten Armen am Rand und schaut mit finsterer Miene um sich.
„Du siehst aber böse aus!", ruft ihm plötzlich ein Mädchen zu. Da fängt Jan an zu weinen. Olga kommt und tröstet ihn. „Bist du traurig, weil du deine alten Freunde nicht mehr hier hast?", fragt sie Jan. Jan nickt. Dann nimmt sie Jan an die Hand und macht mit ihm ein Klatschspiel. Das machen nun alle Kinder zu zweit. Es wird immer schneller und schneller, bis sich alle verklatschen. Alle lachen laut, auch Jan. Es hat ihm richtig Spaß gemacht. Dann gehen alle zum Geburtstagfest in den Gruppenraum.
Als die Eltern Jan abholen wollen, läuft ihnen ein fröhlicher Junge entgegen.
„Gehen wir Oliver besuchen, Mama, Papa?", fragt er gleich. „Na klar, aber dir hat es heute wohl doch ganz gut gefallen, hm?", fragt Papa. „Ja!", ruft Jan und hüpft fröhlich die Straße hinunter.

Sprachspiel: „Was fehlt – wütend, traurig oder fröhlich?"

Kinder müssen erst lernen, ihre Gefühle bewusst wahrzunehmen, sie entsprechenden Situationen zuzuordnen und sie dann auch sprachlich zu beschreiben. Mit diesem Sprachspiel lernt

Ihr Kind spielerisch, welches der Gefühle – Wut, Trauer oder Freude – in die entsprechende Satzlücke passt. Lesen Sie Ihrem Kind die folgenden Sätze vor, und Ihr Kind soll erraten, welches Wort am besten passt.

„Was fehlt – wütend, traurig oder fröhlich?"

- „Meine beste Freundin hat mich zum Geburtstag eingeladen. Ich gehe ... zu ihrem Fest."
- „Wir sind im Urlaub, und es regnet in Strömen. Ich kann draußen nicht spielen und langweile mich. Ich bin richtig ...!"
- „Ich will bei den großen Kindern mitspielen. Sie lassen mich nicht und ärgern mich. Da werde ich sehr ...!"
- „Heute waren wir im Zoo. Bei den Affen war es am lustigsten. Ich bin immer noch ganz ..., wenn ich daran denke."
- „Mama hat gekocht und das Essen schmeckt mir nicht, weil Zwiebeln drin sind. Ich bin ... und laufe aus dem Zimmer!"
- „Heute habe ich mit den Großen Fußball gespielt. Ich habe zwar kein Tor geschossen, aber es hat ganz gut geklappt. Ich laufe ... nach Hause."
- „Meine Oma ist krank und im Krankenhaus. Ich darf sie leider nicht besuchen und bin deswegen ganz ... ."

Formulieren Sie mit Ihrem Kind eigene Sätze zu Situationen, die es am heutigen Tag erlebt hat, und sprechen Sie darüber. Ein solches Gespräch ist ein guter Ausklang aus dem Tag, bei dem Sie auch noch ungeklärte Situationen ansprechen und manchen Druck von der Seele nehmen können, damit Ihr Kind gut einschlafen kann.

Lied: „Wütend, traurig und dann fröhlich" (CD/MC, Track 1)

In diesem Lied wird eine große Bandbreite von Gefühlen angesprochen. Ab dem Alter von ca. fünf Jahren werden für ein Kind feste Freundschaften sehr wichtig. In diesem Alter sind Kinder immer besser in der Lage, sich in die Perspektive eines anderen hineinzuversetzen und ein echtes Verständnis für die Situation des anderen zu entwickeln. Im folgenden Lied versuchen Kinder zu verstehen, warum Jakob, Nina und Laura sich so wie beschrieben verhalten, eben wütend, traurig und dann wieder fröhlich. Alle Kinder halten zusammen und fangen die Freunde mit ihren jeweiligen Gefühlen auf, was eindeutig bei Laura am wenigsten Probleme bereitet. Als Timmi alleine vor der Tür steht, rufen sie ihn zu sich, damit er zu ihnen findet. Echte Freunde eben!

Singen Sie mit Ihrem Kind das Lied und sprechen Sie mit ihm darüber, was es selbst in seinem Freundeskreis schon erlebt hat und wie das Kind und seine Freunde damit umgehen. Das Lied hilft Ihrem Kind, verschiedene emotionale Situationen besser einordnen zu können.

„Wütend, traurig und dann fröhlich"

Refrain:
Wir sind Freunde – das ist sonnenklar,
durch dick und dünn das ganze Jahr.
Wir sind Freunde – das finde ich prima!
Wir sind auch immer für uns da!

2. Plötzlich läuft die Nina weg,
heulend zum Geheimversteck!
Hallo, Nina, wie gehts dir?
Wir sind Freunde, sag es mir!

Nina:
„Ach, mein Häschen ist gestorben,
heute schon am frühen Morgen.
Durfte ihm noch Abschied sagen,
Papa hat es dann vergraben.“

Refrain:
Wir sind Freunde – das ist sonnenklar,
durch dick und dünn das ganze Jahr.
Wir sind Freunde – das finde ich prima!
Wir sind auch immer für uns da!

3. Laura kommt jetzt angehüpft,
ist in ein Kostüm geschlüpft!
Hallo, Laura, wie gehts dir?
Wir sind Freunde, sag es mir.

Laura:
Habe lustige Kleider an,
wie ich damit spielen kann!
Mama hat sie zwar versteckt,
doch jetzt hab ich sie entdeckt!

Refrain:
Wir sind Freunde – das ist sonnenklar,
durch dick und dünn das ganze Jahr
Wir sind Freunde – das finde ich prima!
Wir sind auch immer für uns da!

4. Timmi klingelt an der Tür.
Hallo, Timmi, hier sind wir!
Aus der Hütte hinterm Haus
strecken wir die Köpfe raus.

Alle:
Steh nicht rum, komm einfach rein.
Hier bist du nicht mehr allein!
Wütend, traurig und mal fröhlich,
jeder Tag ist anders, ehrlich!

Refrain:
Wir sind Freunde – das ist sonnenklar,
durch dick und dünn das ganze Jahr.
Wir sind Freunde – das finde ich prima!
Wir sind auch immer für uns da!

„Die Wut-Ampel“

Wutanfälle von Kindern können die Familienatmosphäre besonders belasten. Das folgende Angebot wirkt zwar sehr umfangreich, es sind jedoch kleine Schritte, die aufeinander aufbauen und die Ihrem Kind helfen können, seine Wutanfälle besser zu kontrollieren. In folgenden Schritten wird der Einsatz der Wut-Ampel vorbereitet.

1. Sprechen Sie mit Ihrem Kind ruhig und in einer absolut entspannten Atmosphäre über das Thema „Wut“ und wie es diese erlebt:
   „Was spürst du im Körper, wenn du Wut hast?“
   „Wie siehst du aus, wenn du wütend bist?“
   Denken Sie gemeinsam mit Ihrem Kind darüber nach und sprechen Sie ruhig auch über eigene Empfindungen.

2. Danach können Sie mit Ihrem Kind zusammen aus einem entsprechend großen schwarzen Karton (DIN A 3) drei untereinander angeordnete runde Löcher mit einem Durchmesser von ca. 12-15 cm ausschneiden. Das soll die „Wut-Ampel“ sein. Hinter das oberste Loch wird ein roter Karton, hinter das mittlere Loch ein gelber Karton und hinter das unterste Loch ein grüner Karton geklebt.

3. Jetzt klären Sie gemeinsam mit Ihrem Kind, welches Motiv auf die einzelnen Ampellichter gemalt wird. Zum Beispiel:
   - rotes Ampellicht: ein wütendes Gesicht oder eine geballte Faust;
   - gelbes Ampellicht: ein staunendes Gesicht und/oder ein Gesicht mit einer Glühbirne, dem im übertragenen Sinne ein Licht aufgeht;
   - grünes Ampellicht: ein lachendes Gesicht.

4. Sprechen Sie mit Ihrem Kind darüber, wie es sich verhalten soll, wenn es von Ihnen das rote, das gelbe oder das grüne Ampellicht bei einem Wutausbruch gezeigt bekommt und Sie diese folgenden kurzen Sätze dazu sprechen:
   - rotes Ampellicht: „Beruhige dich! Tu nichts Unüberlegtes!“
   - gelbes Ampellicht: „Sag, wie du dich fühlst, und überlege eine Lösung.“
   - grünes Ampellicht: „Versuche deinen Plan umzusetzen.“

   Sie können sich diese kurzen Sätze auf ein Papier schreiben und neben die Ampel kleben, damit Sie bei einem Wutausbruch Ihres Kindes nicht lange überlegen müssen.

5. Die Ampel wird in den Raum gehängt, in dem sich die Familie am meisten aufhält, damit das Kind – und die Erwachsenen auch! – die Ampel immer wieder vor Augen hat.

Hat nun das Kind einen Wutanfall, zeigen die Eltern auf das rote Ampellicht und sagen: „Beruhige dich, tu nichts Unüberlegtes!“ Hat sich das Kind etwas beruhigt, dann zeigen die Eltern auf die gelbe Ampel und sagen: „Sag, wie du dich fühlst, überlege eine Lösung“ usw. Mit der Zeit braucht das Kind die Ampel nicht mehr zu sehen. Hat es zum Beispiel auf dem Spielplatz einen Wutausbruch, dann brauchen die Eltern nur noch zu sagen: „Rote Ampel! Beruhige dich, tu nichts Unüberlegtes!“ Das Kind wird dadurch sozusagen konditioniert, das heißt, es lernt auf bestimmte Symbole und Wörter mit einer entsprechenden Handlung zu reagieren.

Durch die Übertragung des Problems auf die Wut-Ampel können die Eltern bei einem Wutanfall als Vermittler auftreten und sind dadurch nicht mehr so stark in den Wutausbruch mit einbezogen. Schon alleine das kann die ganze Problematik deutlich entschärfen.

Hinweis: Weitere Aktionen zum Thema „Gefühle erkennen, benennen und erleben“ finden Sie in Kapitel 6: „Kinder lernen Toleranz“ (Seite 73) und in Kapitel 5: „Ich hab dich zum Streiten gern!“ (Seite 59).

3 Sich selbst vertrauen können

Selbstbewusstsein – ein Schatz fürs Leben

„Kinder stark machen!“ war in den letzten Jahren ein pädagogisches Schlagwort. Damit ist natürlich nicht die körperliche Durchsetzungskraft gemeint, sondern die Fähigkeit, mit unterschiedlichen Lebenssituationen kompetent umzugehen. Unsere Kinder sollen sich einerseits durchsetzen können, aber natürlich nicht auf Kosten anderer. Sie sollen andererseits rücksichtsvoll und höflich, aber nicht das fünfte Rad am Wagen sein.

Doch all diese Eigenschaften sind Kindern nicht in die Wiege gelegt. Sie können sie nur entwickeln, wenn sie Selbstvertrauen haben. Echtes Selbstbewusstsein aber kann nur entstehen, wenn Kinder Eltern haben, die sich wirklich für sie interessieren, ihnen etwas zutrauen und die auf sie eingehen. Diese Kinder fühlen sich akzeptiert und angenommen, so wie sie sind, auch mit ihren noch nicht ausgereiften Fähigkeiten. Nur so gewinnen Kinder das Urvertrauen und das Gefühl: „Ich kann mir selbst vertrauen – ich traue mir etwas zu!“, nur so können sie starke Wurzeln entwickeln.

Selbstvertrauen ist eine innere Stärke, die Kindern die benötigte Frustrationstoleranz verleiht, um sich auch in widrigen Situationen behaupten zu können. Sie verkraften unangenehme Situationen besser, weil sie eine innere Gewissheit von ihrem eigenen Wert besitzen.

Selbstvertrauen bildet sich von Geburt an

Ein Baby kommt mit bestimmten genetischen Anlagen zu Welt, dennoch ist sein Dasein von einer unglaublichen Offenheit geprägt. Es nimmt alle Reize seiner Umgebung relativ ungefiltert auf und reagiert auf körperliche Unpässlichkeiten wie Hunger oder Nässe direkt und impulsiv. Ein Baby kann seine Gefühle noch nicht reflektieren und schreit zum Beispiel in der Nacht nicht aus Absicht. Es hat immer einen Grund, zum Beispiel Hunger oder Bauchweh, und tut damit seine körperliche und gleichzeitig auch seine seelische Befindlichkeit kund.

Lässt man ein Baby lange schreien, erfährt es dadurch eine Missachtung seiner Person. Schimpft man sogar noch mit ihm, spürt es zusätzlich, dass seine Person mit all ihren Bedürfnissen unerwünscht ist und nicht akzeptiert wird. Es kann kein Urvertrauen – das Gefühl: „Es ist gut, dass ich auf der Welt bin, und ich werde so geliebt, wie ich bin!“ – entwickeln. Wird ein Baby allerdings auf den Arm genommen und man spricht beruhigend auf es ein, weil z.B. die stillende Mutter noch nicht da ist oder es einfach einige Minuten dauert, bis das Fläschchen fertig zubereitet ist, erfährt es Zuwendung und beruhigt sich etwas. Sein grundlegendes Bedürfnis, der Hunger, wird nicht augenblicklich gestillt.Es muss den Hunger noch ertragen, d.h. die Bedürfnisbefriedigung muss verschoben werden. Aus solchen und ähnlichen Situationen erfährt das Kind aber trotz aller Widrigkeiten, dass es mit seinen Bedürfnissen wahr- und angenommen wird – oder eben nicht. Alle Reaktionen seiner Umwelt werden im emotionalen Erfahrungsgedächtnis (siehe Seiten 9/10) gespeichert und sind nicht mehr zu löschen. Deshalb sind frühkindliche Traumata durch Vernachlässigung jeglicher Art extrem schwierig zu heilen. Alle diese Erlebnisse bilden einen großen Teil des Grundmusters unserer Persönlichkeit und unseres Charakters aus, der sich bis zum fünften Lebensjahr grundlegend entwickelt. Übrigens können sich die frühen Gefühle des Alleingelassenseins und des Ausgeliefertseins („Bekomme ich Zuwendung oder nicht? Werden meine Bedürfnisse erfüllt oder nicht?“) während der weiteren Kindheit und sogar noch im Erwachsenenalter in Minderwertigkeitskomplexen und auffälligen Verhaltensformen zeigen. Da aber jedes Kind in seiner Erziehung Situationen erlebt, in denen es sich dem Handeln und der Entscheidung von Erwachsenen anpassen muss, ist es klar, dass sich ein „natürliches“ Minderwertigkeitsgefühl entwickelt. Dies kann die Triebfeder für das Streben nach sozialer Anerkennung und Leistung im Erwachsenenalter sein. Man nennt dies den „kompensatorischen Ausgleich“.

Haben jüngere Kinder aber nicht nur ein Minderwertigkeitsgefühl, sondern starke Minderwertigkeitskomplexe, dann werden sie vermutlich nicht lernen, sich durchzusetzen. Sie beziehen Probleme immer auf sich, als ob sie Schuld an allem hätten. Je nach Genetik, Geschlecht und Charakterstruktur werden auch sie als Heranwachsende versuchen, diese Situation zu kompensieren. Das bedeutet, dass sie die negativen Erfahrungen unter Umständen durch psychische Probleme oder durch Streben nach Macht und Einfluss – und sei es mit Gewalt oder durch Mobbing – ausleben. Ein starkes Geltungsbedürfnis und der übertriebene Wille, Macht zu erhalten und sie auch auszuüben, überdecken ihre tief verankerte Verunsicherung in der frühen Kindheit, die aus großen Frustrationserlebnissen und der Herabsetzung ihrer Person resultiert.

Sichere Bindung – selbstbewusstes Kind

Einjährige Kinder, die einfühlsame und sensible Eltern haben, reagieren auf frustrierende Situationen mit dem Einfordern von Körperkontakt und tröstenden Worten. Sie haben vor allem in den ersten Monaten ihre Mutter/ihren Vater oder eine andere ständige Bezugsperson als verlässlich, offen und freundlich erlebt und haben eine (so der Fachterminus) „sichergebundene“ Beziehungsqualität zu ihren Bezugspersonen entwickeln können. Diese Kinder trauen sich, ihre Gefühle offen zu zeigen, was eine wichtige Voraussetzung für selbstbewusstes Handeln ist. In wissenschaftlichen Untersuchungsreihen hat sich die Qualität einer Eltern-

Kind-Beziehung als relativ stabiles Merkmal im Leben der Kinder herauskristallisiert. Kinder in einer „sichergebundenen Bindung" finden sich in Kindergarten und Schule besser zurecht. Außerdem sind sie in konfliktträchtigen Situationen mit Gleichaltrigen sozial kompetenter und zeigen weniger Abgrenzungstendenzen und Feindseligkeiten (siehe auch Kapitel 6: „Kinder lernen Toleranz", Seite 73).

Selbstvertrauen durch Be-„greifen" und Selber-Tun

Ein Kind lernt bis weit in das Grundschulalter hinein durch aktives Tun und Gestalten. Erst im Alter von ca. zehn Jahren entwickelt es die Fähigkeit, in abstrakten Vorstellungen, sozusagen in Quasi-Handlungen zu lernen. Kinder lernen mit allen Sinnen und sollten immer auch die Gelegenheit dazu erhalten. Und je jünger sie sind, desto wichtiger ist die Vermittlung von Wissen auf der sensorischen Ebene. Ihr Kind muss die Gegenstände im wahrsten Sinne des Wortes be-„greifen", in seinen Händen halten, erfühlen, ertasten, um deren Material und ihre Eigenschaften analysieren zu können. Nicht umsonst ist das Synonym von verstehen „begreifen". Mit den „Großen" zusammen tätig sein, mithelfen beim Aufräumen, Tischdecken, Einkaufen, dass können schon kleine Kinder ab zwei Jahren. Für sie ist es das Schönste, bei den „Großen" aktiv mitmachen zu dürfen. Voller Begeisterung lernen sie für und mit dem Vorbild, und zwar durch Nachahmung und nicht durch Erklärung. Sie fühlen sich angenommen und akzeptiert und gewinnen ein gesundes Selbstvertrauen. „Ich kann das schon!" ist ein beliebter Ausspruch von Kindern, auch wenn es nicht immer so klappt.

Durch Experimentieren und im Zusammenspiel mit anderen lernen Kinder, wie die Welt funktioniert. Sie entwickeln dabei ihre Intelligenz durch das selbsttätige Finden von Lösungsschritten. Viele Eltern machen jedoch den Fehler, dass sie sich in das Spiel ihrer Kinder zu sehr einmischen, weil es nicht genau ihren Vorstellungen entspricht. Liebevolle und geduldige Erklärungen bewirken hier Wunder! Eltern müssen sich immer vor Augen führen, dass das, was das Kind selbst schafft und durch eigenes Tun bewirkt, für diese kleine Person eine ungeheuere Leistung ist und sie immens in ihrem Selbstbewusstsein stärkt. Ein Kind hat von Natur aus diese ungeheure Energie, mit der es jeden Tag aufs Neue die Welt zu entdecken und zu begreifen versucht. Nutzen Sie diese Energie und kanalisieren Sie sie so, dass sie für alle erträglich ist. Nur wenn Sie Ihrem Kind genügend Freiraum geben, kann es die Fähigkeit entwickeln, aus sich selbst Ideen zu schöpfen. Das gibt ihm Sicherheit in die eigenen Fähigkeiten und entwickelt Selbstvertrauen.

Lob, der natürlich „Dünger" für Selbstvertrauen

Es ist wichtig, dass Sie Ihr Kind in seinen bisherigen Fähigkeiten und Aktionen unterstützen. Vergessen Sie nicht, Ihr Kind zu loben, beispielsweise wenn es versucht zu helfen: „Toll, dass du mir helfen willst!" Diese positive Bestärkung motiviert Ihr Kind und fördert seine Persönlichkeitsentwicklung und das Selbstbewusstsein. Lob ist wichtig, auch wenn es noch so geringfügig sein mag. Versuchen Sie auch immer positive Botschaften zu geben. Also nicht: „Na, kommst du auch endlich hinterhergezottelt!", sondern: „Prima, dass du den steilen Berg auch geschafft hast!" Jedoch sollte niemals übertrieben gelobt werden, da sonst die Gefahr der Verwässerung und Unechtheit besteht. Und das merkt Ihr Kind!

Ich traue dir was zu!

Als mein zweites Kind geboren wurde, wollte ich es ebenso stillen wie das erste. Doch mein älteres Kind war zum Zeitpunkt der Geburt noch keine zwei Jahre alt. Es war sehr agil und ständig auf Entdeckungsreise. Ich wusste, wenn ich das Baby im Beisein von meinem Ältesten stillen würde, dann wäre es nur noch eine Frage der Zeit, bis die Milch versiegt. Denn zu stillen mit einem Kleinkind im Nacken, das die Gunst der Stunde nutzt, um jeglichen erdenklichen Unsinn zu verzapfen, ist Stress pur. Der Mut der Verzweiflung brachte mich auf folgende Idee: Ich ging mit beiden Kindern vor das Schlafzimmer und sagte zu meinem Älteren: „Ich gehe jetzt mit deinem Bruder ganz alleine hinein, damit er einschlafen kann. Ich bin gleich wieder für dich alleine da. Warte vor der Tür und sei leise." Und ich hätte es selbst nicht für möglich gehalten, dass der Tausendsassa friedlich vor der Tür wartete, während ich den Jüngeren stillte und dann ins Bett brachte. Aber es hat funktioniert! Diese Regelung klappte viele Monate lang. So konnte ich beiden Kindern gerecht werden: Der Kleine bekam die Zuwendung, Nahrung und Ruhe, die er für seine Entwicklung benötigte, und der Große wusste, wenn die Mama aus der Tür kommt, dann ist sie wieder für mich alleine da!

Mit diesem Erlebnis möchte ich Ihnen Mut machen, Ihrem Kind in einem geschützten Rahmen etwas zuzutrauen. Das bedeutet natürlich nicht, dass Sie Ihr Kind mit zwei Jahren über eine befahrene Straße schicken sollen! Die Anforderung muss unbedingt altersgerecht sein.

> *Fazit:* Nur wenn Sie Ihrem Kind etwas zutrauen, entwickelt es die Fähigkeit, sich selbst etwas zu zutrauen. Und dies ist wiederum die Grundlage für ein gesundes Selbstwertgefühl.

Selbstbewusst gegen Frust

Ab dem Kleinkindalter ist es für die Entwicklung des Selbstbewusstseins sehr wichtig, das Kindern nicht alles, was Probleme bereitet, von den Eltern sofort aus dem Weg geräumt wird. Nur so können Kinder Frustrationstoleranz aufbauen, weil sie auch dann stark sind, wenn mal etwas schief läuft. Das Kind lernt, die Bedürfnisbefriedigung auf einen späteren Zeitpunkt zu verschieben. Diese so genannte Frustrationstoleranz ist übrigens ein Zeichen von Schulreife. Es ist natürlich selbstverständlich, dass das nicht bedeutet, die Bedürfnisse des Kindes zu missachten. Denn was Kinder brauchen, sind verlässliche Bezugspersonen mit wirklichem Interesse, Empathie und Liebe. Außerdem einen abgesteckten Rahmen, in dem sie nach festen Regeln handeln können. Sie brauchen kein Verwöhnprogramm.

Unsichere Eltern geben keinen Halt und kein Selbstvertrauen

Sind Eltern im Umgang mit ihrem Kind sehr unsicher, spürt ihr Kind das deutlich und versucht mit entsprechendem Verhalten, durch die entstehenden Schlupflöcher zu entwischen. Umfragen bei Erzieherinnen bestätigen, dass eine immer größer werdende Anzahl junger Eltern vor lauter Unsicherheit mit ihren Kindern auf unkonkrete Weise kommunizieren. Dadurch sind Probleme schon vorprogrammiert.

Kinder müssen bis zum Alter von sieben Jahren mit direkten Anweisungen angesprochen werden. Sie dürfen in bestimmten Bereichen keine Wahlmöglichkeiten haben, weil sie vieles noch nicht selbst entscheiden können oder ihre Umwelt mit ihren egozentrischen Entscheidungen, z.B. beim selbst Essen, tyrannisieren. Von grundlegender Wichtigkeit ist es jedoch, dem Kind genau zuzuhören. Wir Erwachsenen erwarten ja auch, dass das Kind uns zuhört. Sprechen Sie mit Ihrem Kind in klaren und bestimmten Worten. So zum Beispiel: „Ich finde es besser, wenn du zuerst dein Zimmer aufräumst." Und nicht : „Fändest du es nicht auch besser, dass du vor dem Besuch dein Zimmer aufräumen würdest?" Diese Frage fordert das „Nein!" geradezu heraus. Also nie im Konjunktiv: „Würdest du, könntest du ...". Eltern helfen damit ihrem Kind, sich besser an Strukturen zu orientieren und sich zurechtzufinden. Außerdem werden sie so nicht zum Spielball der kindlichen Launen. Ihr Kind bekommt den emotionalen Halt, den es zur Entwicklung eines gesunden Selbstvertrauens benötigt.

Selbstbewusstsein, ein Schutzmantel gegen Sucht!

Selbstbewusste Kinder lernen besser, sich realistisch einzuschätzen, weil sie Kritik von anderen und auch die eigene nicht „umwirft" und in ihren psychischen Grundfesten erschüttert. Weil sie Achtung vor sich selbst haben, nehmen sie ihre eigenen Gefühle und Bedürfnisse besser wahr und können sie auch klar ausdrücken. Selbstbewusste Kinder haben eine optimistische Lebenseinstellung. Für sie ist das Glas halb voll und nicht halb leer. Sie freuen sich über Lob, können aber auch die Leistungen anderer anerkennen. Sie haben eine eigene Meinung, auch wenn sie vom üblichen Meinungsstrom abweicht. Sie lernen, Fehler und Schwierigkeiten nicht zu persönlich zu nehmen, und suchen nach neuen Wegen, um Probleme zu meistern. Selbstbewusste Kinder sind nicht so stark manipulierbar und – ganz wichtig! – sie suchen keine Ersatzbefriedigung in irgendwelchen Süchten! Ein gutes Selbstbewusstsein mit allen damit verbundenen Fähigkeiten wappnet Ihr Kind gegen eine spätere Sucht. Durch Ihre Erziehung zu einem gesunden Selbstbewusstsein können Sie als Eltern also ganz direkt Einfluss darauf nehmen.

Konstruktives Streiten macht stark, unabhängig und selbstbewusst

Für die Charakterbildung eines Kindes ist es von entscheidender Bedeutung, wenn ihm seine Eltern eine Reibungsfläche für Konflikte bieten. Konflikte führen dazu, dass Ihr Kind sich seiner selbst bewusst wird, da es sich mit den Anforderungen seiner Eltern und mit seinen eigenen Wünschen auseinander setzen muss. Und dies ist die beste Grundlage für die Fähigkeit, Konflikte mit Gleichaltrigen zu lösen. Wichtig ist ab einem Alter ab ca. fünf Jahren, dass Sie mit Ihrem Kind bewusst und ruhig über den Streitpunkt sprechen und gemeinsam mit ihm an einer Lösung arbeiten (siehe auch Kapitel 5: „Ich hab dich zum Streiten gern!", Seite 59).

Wie Sie spielerisch das Selbstbewusstsein Ihres Kindes fördern

Um Selbstbewusstsein entwickeln zu können, ist das Überwinden von Angst und Schüchternheit sehr wichtig. Wer selbstbewusst ist, zweifelt weniger an seinen Qualitäten. Wenn mal was schief läuft, geht die Welt auch nicht unter. Aus diesem Grund sind gerade Spiele, bei denen keiner gewinnt, das ideale Mittel, um Selbstvertrauen zu fördern. Das folgende Spiel- und Beschäftigungsangebot fördert die Selbstwahrnehmung und das Selbstvertrauen Ihres Kindes, und zwar nicht nur körperlich, sondern auch auf emotionaler Ebene.

Gedicht: „Wer ist das?“ (CD/MC, Track 4)

Das Gedicht lenkt beim Vorlesen das emotionale Bewusstsein Ihres Kindes auf sein Gesicht. Ihr Kind setzt sich auf diese Weise mit seinem Äußeren auseinander und kann ein positives Gefühl dazu entwickeln. Setzen Sie sich mit Ihrem Kind gemütlich hin. Lesen Sie ihm das Gedicht vor und animieren Sie Ihr Kind dazu, dass es genau das nachmacht, was im Gedicht beschrieben wird. Es kann sich dazu auch einen kleinen Handspiegel holen.

Wer ist das?

Zwei freche Augen schau'n dich an,
sie blinzeln und sie lachen dann.
Der Mund streckt seine Zunge raus,
und das sieht wirklich witzig aus!
Ganz rot ist auch der kleine Mund,
so wie die Backen, und ganz rund.
Zum Himmel zeigt die kleine Nase,
sie schnuppert wie ein Osterhase!
Hast du erraten, wer das ist?
Das ist im Spiegel dein Gesicht!

Lied: „Ich kann das!“ (CD/MC, Track 3)

Das Lied beschreibt ein Kind, das sich nicht unterkriegen lässt. Es ist zwar manchmal frustriert, weiß jedoch, dass es z.B. trotzdem schon gut Inline-Skater fahren kann, auch wenn die anderen das Gegenteil sagen. Singen Sie dieses Lied mit Ihrem Kind beispielsweise in einer Situation, in der Sie es trösten wollen und in der es lernen muss, dass nicht immer alles so klappen kann, wie es sich das vorgestellt hat. Sprechen Sie mit ihm darüber, was es schon Tolles geschafft hat und was es besonders gut kann. Denn wie das Kind im Lied kann auch Ihr Kind vieles ziemlich gut und manches noch nicht ganz so gut. Damit unterstützen Sie Ihr Kind dabei, sich selbst besser einschätzen zu können und ein gesundes, realistisches Selbstbewusstsein zu entwickeln.

„Ich kann das!"

F C F C
1. Lu-kas, E-di und der Fritz fah-ren Ska-ter wie der Blitz.
F C F
La-chend dü-sen sie da-von, als ich ruf: „Ich kann das schon!"
F C F C
Refr.: Ich kann das, ich kann das! Ich kann's so gut wie ihr! Ich
F C F C F
kann das, ich kann das! Schaut her, ich fah-re hier!

1. Lukas, Edi und der Fritz
fahren Skater wie der Blitz.
Lachend düsen sie davon
als ich ruf: „Ich kann das schon!“

Refrain:
Ich kann das, ich kann das!
Ich kann‘s so gut wie ihr!
Ich kann das, ich kann das!
Schaut her, ich fahre hier!

2. Kim und Lena spiel‘n Klavier,
flotte Stücke hör ich hier.
Doch auch ich treff jeden Ton
auf dem großen Xylofon.

Refrain:
Ich kann das, ich kann das!
Ich kann‘s so gut wie ihr!
Ich kann das, ich kann das!
Schaut her, wen hört ihr hier!

3. Nick und Felix malen heute
lauter kleine Zwergenleute.
Doch sie lachen mich nur aus,
als sie sehn mein tolles Haus!

Refrain:
Ich kann das, ich kann das!
Ich kann‘s so gut wie ihr!
Ich kann das, ich kann das!
Schaut her, was seht ihr hier!

4. Fußball spiel‘ ich sagenhaft
in der besten Bolz-Mannschaft.
Alle hoffen auf ein Tor,
schicken mich als Stürmer vor.

Refrain:
Ich kann das, ich kann das!
Ich kann‘s so gut wie ihr!
Ich kann das, ich kann das!
Schaut her, ich spiele hier!

Körperwahrnehmungsspiele

Ohne eine gute Körperwahrnehmung haben Kinder viele Defizite. Diese wirken sich nicht nur auf ihre motorischen Fähigkeiten aus, sondern durch den ständigen Frust, etwas nicht so gut wie die anderen hinzubekommen, auch auf der seelischen Ebene. Selbstbewusste Kinder haben einen guten Kontakt zu ihrem Körper. Die folgenden Spiele unterstützen auf kindgerechte Weise, aber mit einem Schuss Humor, die Entwicklung der Körperwahrnehmung Ihres Kindes. Lassen Sie sich darauf ein, es lohnt sich für Ihr Kind und für Sie ebenfalls!

„Die Gummipuppe"

Bei diesem Spiel werden einem die einzelnen Körperteile so richtig bewusst, vor allem wenn man eine ungewohnte Haltung einnimmt. Dieses Wahrnehmungsspiel funktioniert zu zweit oder zu mehreren.

Das Kind spielt die Gummipuppe, die sich nach Belieben verbiegen lässt. Ihr Kind steht ganz entspannt. Sie dürfen nun seine Körperhaltung an fünf verschiedenen Stellen verändern. Sie bewegen zum Beispiel den Unterarm nach oben, den Kopf zur Seite, ein Bein nach vorne usw. Das Kind versucht, diese Stellung kurze Zeit zu halten und entspannt sich dann. Jetzt sind Sie an der Reihe!

„Das Spür-Genie"

Für dieses Spiel benötigen Sie lediglich eine Feder oder etwas Watte.

Ihr Kind sitzt auf dem Boden mit dem Rücken zu Ihnen und schließt die Augen. Nun berühren Sie es an beliebigen Stellen seines Körpers und lassen es beschreiben, wo es die Berührung gespürt hat. Jetzt dürfen Sie das „Spür-Genie" spielen.

Nachahmungsspiele

Auch schüchterne Kinder kann man durch Nachahmungsspiele aus der Reserve locken, weil diese einfach viel Spaß machen. Die Kinder kommen aus sich heraus, wenn sie die Möglichkeit haben, in eine Rolle zu schlüpfen, bei der sie den anderen etwas vormachen oder sie führen dürfen. Und die wilden und unangepassten Kinder lernen, sich in das Spielgeschehen einzugliedern. Die folgenden Spiele haben sich zur Förderung des Selbstbewusstsein und zum Ausgleichen der Psyche sehr bewährt.

„Wer ist der Chef – wer ist die Chefin?“

Diese Spiel stärkt auf lustige und trotzdem für die Sinneswahrnehmung anspruchsvolle Weise das Selbstbewusstsein und zwar sowohl für den Ratenden als auch für den, der den Chef oder die Chefin spielt. Zu diesem Spiel wird die ganze Familie benötigt, es sollen mindestens vier Teilnehmer sein. Wo Sie dieses Spiel durchführen wollen, steht Ihnen relativ frei. Es kann am Tisch oder im Wohnzimmer auf dem Sofa gespielt werden.

Und so gehts: Einer der Mitspieler verlässt den Raum. Ist die Tür geschlossen, wird von den anderen die Chefin oder der Chef bestimmt. Nun wird der Ratende hereingerufen und muss die anderen genau beobachten. Dabei soll er heraus finden, wer der Chef oder die Chefin ist. Die Aufgabe des Chefs ist es jetzt, die Sitzposition zu ändern, sich die Augen zu reiben, mit den Fingern auf die Tischplatte zu klopfen, sich die Stirn zu kratzen usw. Die anderen machen es, so gut es geht, gleichzeitig nach. Ist der Chef oder die Chefin herausgefunden, so geht ein neuer Ratender nach draußen.

„Schaut mal her, wer ich bin!“

Dieses Spiel macht der ganzen Familie Spaß, weil es sowohl jüngere als auch ältere Kinder gerne spielen. Damit eine gewisse Gruppendynamik entstehen kann, werden für dieses Spiel mindestens drei Mitspieler benötigt.

Und so gehts: Ein Mitspieler steht vor den anderen und sagt:
„Schaut mal, wer ich bin – schaut genau hier hin!
Sagt mir bitte dann – wie hör ich mich denn wohl an?“
Dann ahmt er ein Tier pantomimisch nach. Die anderen erraten es, jedoch dürfen sie es nicht mit Worten sagen, um welches Tier es sich handelt, sondern indem sie die charakteristischen Tierlaute von sich geben. Ein Beispiel: Das Kind spielt eine Schlange, und die anderen zischen. Rollenwechsel.

„Schaut mal her, was ich kann!“

Dies ist lediglich eine Variante des obigen Spiels. Ein Mitspieler steht vor den anderen und spricht: „Schaut mal her, was ich kann – ich fange jetzt gleich an!“, und beginnt, ein „Kunststück“ vorzuführen. Die anderen machen es nach. Das kann etwas sehr Einfaches sein, wie zum Beispiel auf einem Bein hüpfen, aber auch schon leicht akrobatische Züge tragen, wie zum Beispiel eine Pirouette drehen oder eine Kerze machen.

Winnie

4 Vom „Ich“ zum „Wir“ und vom „Haben“ zum „Teilen“

Die Entwicklung des sozialen Bewusstseins

Die Entwicklung des Sozialverhaltens

Die Evolution und die Anpassung an die Lebensumstände brachten unsere Vorfahren dazu, sich in einer Gemeinschaft zu organisieren. Die Sippe, der Stamm oder die Familie sicherten das Überleben durch Schutz und Hilfe. In der Rollenverteilung war jeder ein Rädchen im Getriebe der Sippe und der Familie. Jeder sicherte mit seiner Tätigkeit das Überleben und den Fortbestand der Sippe. Außerdem war die soziale Kontrolle überlebensnotwendig. Scherte jemand aus seiner ihm zugewiesenen Rolle aus, konnte dies die Balance der Sippe bedrohlich ins Wanken bringen und ein Unsicherheitsfaktor sein.

Die Entwicklung des sozialen Bewusstseins beim Kind

Die Grundlage für soziales Verhalten wird in der frühen Kindheit geschaffen. Sie prägt unser weiteres soziales Verhalten unser ganzes Leben lang.

In den ersten Lebensjahren nimmt Ihr Kind vielfältige Beziehung zu seinen Mitmenschen auf. Dies geschieht durch verbale und nonverbale Kommunikation. Durch Anlächeln, Nachahmen und Nacheifern, Helfen, durch das Zeigen von Spielsachen, aber auch durch Abgeben und Schenken nimmt Ihr Kind Kontakt zu anderen auf. Schon Kleinkinder im Alter von zehn Monaten bieten gern etwas von ihrem Spielzeug oder von ihrem Essen an. Man kann dies als ein bewusstes Nachahmen einer Handlung werten. Dies wird in allen Kulturen der Welt beobachtet. Schön ist es, wenn es zu einem Geben und Nehmen mit dem Gegenüber kommt. Dabei kann man deutlich sehen, dass es dem Kind oftmals weniger um den Gegenstand geht als um die soziale Interaktion mit dem Gegenüber. Man kann also behaupten, dass eine der ersten eigenständigen Handlungen des Kleinkindes eine soziale Handlung ist.

Der Mensch, ein soziales Wesen von Geburt an?

Die Entwicklung des Menschen zu einem sozial agierenden Lebewesen vollzieht sich bereits vom Moment der Geburt an.

- 1. Stufe:
  Zu Beginn seines Lebens reagiert der Säugling rein impulsiv. Von inneren Impulsen und Trieben wie Hunger, Nässe etc. gesteuert, ist er spontan aktiv, da er noch keine eigenen Überlegungen anstellen kann. Er besitzt noch keine durch individuelle Erfahrungen geprägten Verhaltensweisen und ist ganz und gar auf die zwischenmenschliche Beziehung zu seinen Bezugspersonen angewiesen. Alle seine Äußerungen sind auf eine soziale Interaktion mit einem anderen Menschen ausgerichtet. Aus diesem Grund ist es für das emotionale Erfahrungsgedächtnis von großer Bedeutung, dass den Bedürfnissen von Säuglingen nach Zuwendung entsprochen wird (siehe auch Kapitel 1: „Gefühle – wie sie wirken und woher sie kommen", Seite 9).
- 2. Stufe:
  Ein Säugling übernimmt ohne Filter die Stimmungen und Emotionen seiner Beziehungspersonen. Untersuchungen haben ergeben, dass Babys den emotionalen Gesichtsausdruck ihrer Mütter übernehmen. Dabei wurde das muskuläre Spannungsverhältnis des Gesichts von Müttern und ihren Säuglingen verglichen. Ein Baby lässt sich auch vom Geschrei anderer Babys anstecken, obwohl es selbst in diesem Moment keine Not hat. Diese Beispiele zeigen, dass die Fähigkeit des Mitempfindens, der Empathie, uns sozusagen schon in die Wiege gelegt ist. Schon Kleinkinder lassen sich von den Gefühlen ihres jeweiligen Gegenübers anstecken. Dabei reagieren sie sogar mit entsprechenden Gesten, das heißt, sie versuchen zu trösten und zu helfen. Aus verhaltensbiologischer Sicht ist das Mitempfinden eine angeborene Eigenschaft, die durch die Emotionen anderer ausgelöst wird. Wird das empathische Empfinden jedoch vom sozialen Umfeld missachtet, lernt das Kind automatisch, nicht im vollen Umfang auf diese angeborene Eigenschaft zu achten bzw. sie zu entwickeln.
- 3. Stufe:
  Im Alter von zirka neun Monaten beginnt ein Kind erfahrungsorientiert zu lernen und sein Verhalten zu steuern. Es ist in einer Übergangsphase aus der impulsiv gesteuerten Triebbefriedigung des Säuglings hin zum bewussten Handeln. Es lernt nun durch die Reaktion der Umwelt, dass es bestimmte Dinge tun kann und andere zu lassen hat. Das bedeutet, dass es in seinen Handlungen entweder durch Lob bestärkt oder durch das Einschränken der Aktion in seinem Handlungsradius beschränkt wird.
  Günstig für die Entwicklung Ihres Kindes ist es, wenn Sie als Eltern auf seine Ideen eingehen und ihm Impulse geben, die Ihr Kind wiederum neu aufgreifen kann. Anderseits ist für ein Kind die Begrenzung seines Handelns ebenso wichtig, damit es lernt: „Bis hierher und nicht weiter!" In beiden Situationen beginnt die so genannte frühkindliche Erziehung. Vor allem das nachahmende Lernen trägt dazu bei, das impulsive Verhalten des Kin-

des zu kanalisieren und ihm dabei zu helfen, sich in einem Lernprozess an die soziale Umwelt anzupassen.

- 4. Stufe:
  Im Alter von drei bis vier Jahren entwickelt Ihr Kind ein „Einfühlungsvermögen“. Erst durch einen bestimmten kognitiven Entwicklungsstand und damit verbunden durch die Ausbildung und Reflexion seiner eigenen Person – des Ichs – ist das Kind in diesem Alter in der Lage, sich in die Situation anderer hineinzuversetzen und damit die Perspektive innerhalb einer Situation zu wechseln. Dies ist eine wichtige Voraussetzung, um sich im sozialen Gefüge einer Gruppe zurechtzufinden und Freundschaften zu schließen.
- 5. Stufe:
  Regeln zu begreifen und sie zu beachten ist ein weiterer Meilenstein in der kindlichen Entwicklung, vor allem im Zusammenleben mit anderen. Ohne Regeln geht es nicht. Regeln sind zum eigenen Schutz da („Das Spielen auf den Bahngleisen ist verboten!“) und steuern das soziale Zusammenleben. Bei Kindern im Alter von fünf bis zehn Jahren erfreuen sich Regelspiele großer Beliebtheit. Die Kinder agieren innerhalb eines festgelegten Rahmens und wenden die festgelegten Regeln des Spieles auf immer neue, nicht vorhersagbare Spielsituationen an. Sie lernen dabei, flexibel die Regeln des Spiels auf die jeweilige Situation zu übertragen. Dieser Prozess ist unverzichtbar für eine gute emotionale Entwicklung, vor allem im sozialen Bereich. Die sozialen Regeln des Zusammenlebens erweitern sich für das Kind während des Heranwachsens zu den Regeln der Gesamtgesellschaft, an die es sich zu halten hat, wenn es nicht aus dem Rahmen fallen will.

Warum Eigenes für das Kind wichtig ist

Mit der Entwicklung des Ich-Bewusstseins entwickelt ein Kind schon ein Verhältnis zu den Dingen, die es als zu sich gehörig empfindet, wie sein Kuscheltier, sein Lieblingsauto oder die Schmusedecke. Aus diesem Grund ist es wichtig, dass Sie als Eltern die kindlichen Besitzansprüche wahrnehmen und anerkennen. Die Kleidung Ihres Kindes sollte nur mit seiner Zustimmung einem Geschwisterkind angezogen werden, und Spielsachen dürfen nicht einfach ausgeliehen werden. Nur wenn ein Kind über Eigenes verfügen kann, lernt es auch, fremdes Eigentum zu respektieren und zu achten.

Geteilte Freude ist doppelte Freude

Wenn Kinder miteinander spielen, entstehen oft Konflikte, die nicht immer leicht zu lösen sind. Gerade das Teilen mit anderen fällt ihnen schwer, vor allem wenn ihnen etwas besonders ans Herz gewachsen ist, wie zum Beispiel der vertraute Teddybär. Wer Kinder hat, kennt aber auch das Phänomen des Futterneids und die Dauerdebatten unter Geschwistern, wer mehr von der Lieblingsspeise bekommen hat. Etwas abzugeben muss ein Kind erst lernen.

Nur durch die Entwicklung von Einfühlungsvermögen und durch das Wertschätzen eines geliebten und begehrten Gegenstandes kann sich ein Kind in einen anderen hineinversetzen. Zum Beispiel wenn es gefragt wird: „Darf ich mal mit deinem Dreirad fahren?", „Kann ich etwas von deiner Schokolade haben?" oder „Komm, tauschen wir unsere Puppen?" Den Wunsch eines anderen Kindes nach interessantem Spielzeug oder nach etwas Leckerem zu essen kennt ein Kind in der Regel von sich selbst. Nun heißt es für das Kind, über seinen Schatten zu springen und selbst abzugeben, zu teilen oder auch zu tauschen. Auch sich an der Freude des anderen über das Spielzeug mitfreuen zu können ist ein wichtiger Schritt in der emotionalen Entwicklung. Ohne empathisches Einfühlungsvermögen kann sich keine echte Freundschaft entwickeln. Das gilt gleichermaßen für die Betroffenheit, d.h. mit dem Freund traurig zu sein. Die Entwicklung zu einem sozialen Bewusstsein ist ein Prozess, der in der Erziehung von Kindern auf jeder Altersstufe immer ein Thema ist.

So lernt Ihr Kind spielerisch, sich sozial zu verhalten

Gerade bis zum Schuleintrittsalter erlernt Ihr Kind seine grundsätzlichen Werte und Orientierungen in Bezug auf sein soziales Verhalten. Einmal eingeschliffenes Verhalten lässt sich dann nicht mehr so leicht verändern, weil sich in seinem Gehirn die entsprechenden Verknüpfungen gebildet haben. Aus diesem Grund ist es um so wichtiger, dass Sie Ihrem Kind eine klare und offene Sprache in Bezug auf Gefühle und den Umgang miteinander anbieten. Die folgenden Spielangebote können Ihnen helfen, auf einer spielerischen und kindgerechten Ebene bei Ihrem Kind das Sozialverhalten und die Entwicklung von sozialer Kompetenz zu fördern.

Vom „Ich" und vom „Wir"

„Der Familienbriefkasten"

Der Familienbriefkasten stellt gerade im Familienleben mit jüngeren Kindern eine gute Möglichkeit dar, sich seiner Gefühle bewusst zu werden und diese beispielsweise über ein Bild zu artikulieren. Er trägt sehr zu einer offenen Familienatmosphäre bei.

Basteln Sie dazu mit den Kindern aus einem Schuhkarton einen Familienbriefkasten. Sie bemalen und bekleben ihn nach Ihrem Geschmack und schneiden einen Schlitz in den Deckel. Erklären Sie den anderen Familienmitgliedern, dass in diesen Briefkasten gemalte oder auch geschriebene Botschaften hineingesteckt werden können. Das kann etwas Schönes, aber durchaus auch etwas Bedrückendes und Störendes sein. Dann wird beispielsweise jeden Samstag nach dem gemeinsamen Frühstück der Briefkasten geleert und über die Briefe gesprochen.

Lied: „Das Lied vom Haben und Teilen" (CD/MC, Track 5)

Dieses Lied zeigt deutlich Situationen im Leben von Kindern, in denen sie etwas für sie Bedeutendes teilen oder ausleihen – oder auch nicht. Doch es steht einem Kind durchaus zu, auch einmal „Nein!" zu sagen, und es ist wichtig, dass dieses „Nein!" auch von den Eltern, Geschwistern und Spielkameraden respektiert wird. Teilen muss immer eine Entscheidung aus freien Stücken sein, denn erzwungenes Teilen ist kein echtes Teilen. Dabei ist es wichtig, dass Kinder erfahren, wie schön es ist, sich gemeinsam zu freuen. Der Kuchen schmeckt zu zweit viel besser und es macht mehr Spaß, zusammen zu spielen als jeder für sich allein. „Das Lied vom Haben und Teilen" eignet sich ebenso als Rollenspiel innerhalb der Familie oder Kindergruppen wie auch für eine kleine Aufführung. Die Requisiten sind leicht zu besorgen. Anstatt eines Kuchens kann man auch einen Keks nehmen und ein kleiner Traktor statt eines großen, auf dem man fahren kann, tut ebenso gute Dienste.

Hat Ihr Kind eine Phase, in der es Probleme hat, etwas zu teilen, dann singen Sie mit ihm dieses Lied mit verteilten Rollen. Singen Sie die „Haben"-Strophen und das Kind die „Teilen"-Strophen. Vielleicht bewirkt das Sich-Hineinversetzen in diese Rolle eine Verhaltensänderung bei Ihrem Kind. Ein anschließendes Gespräch kann hier außerdem noch klärend einwirken.

„Das Lied vom Haben und Teilen“

Haben

1. Du willst mit meinem Teddy schmusen? Nein, das kann nicht sein!
II: Mein lieber, dicker Schmusebär ist nur für mich allein! :II

Refrain:

Mein oder dein, nur für mich allein!
II: Denn alle schönen Sachen sind nur für mich allein! :II

Teilen

2. Du willst mit meinem Teddy schmusen? Nimm ihn mit nach Haus!
II: Ich komme auch mal eine Nacht ohne den Teddy aus! :II

Refrain:
Mein oder dein, nur für mich allein?
II: Denn alle schönen Sachen sind nicht für mich allein! :II

Haben
3. Willst du mit meinem Traktor fahr'n? Was bildest du dir ein!
II: Nur ich sitz auf dem Fahrersitz, der Traktor, der ist mein! :II

Refrain:
Mein oder dein, nur für mich allein!
II: Denn alle schönen Sachen sind nur für mich allein! :II

Teilen
4. Willst du mit meinem Traktor fahr'n? Komm, steig hinten ein!
II: Mit meinem Traktor düsen wir dann über Stock und Stein! :II

Refrain:
Mein oder dein, nur für mich allein?
II: Denn alle schönen Sachen sind nicht für mich allein! :II

Haben
5. Du möchtest meine Jacke haben? Was fällt dir bloß ein!
II: In meine Lieblingskuscheljacke pass' nur ich hinein! :II

Refrain:
Mein oder dein, nur für mich allein!
II: Denn alle schönen Sachen sind nur für mich allein :II

Teilen
6. Du möchtest meine Jacke haben? Du passt gut hinein.
II: Denn meine Lieblingskuscheljacke ist mir schon fast zu klein. :II

Refrain:
Mein oder dein, nur für mich allein?
II: Denn alle schönen Sachen sind nicht für mich allein! :II

Haben
7. Du willst etwas von meinem Kuchen? Nein, das kann nicht sein!
II: In meinen leck‘ren Schokokuchen beiß nur ich hinein! :II

Refrain:
Mein oder dein, nur für mich allein!
II: Denn alle schönen Sachen sind nur für mich allein! :II

Teilen
8. Willst du etwas von meinem Kuchen? Hmm, der schmeckt so fein!
II: Der Schokokuchen schmeckt so gut, wir beißen beide rein! :II

Refrain:
Mein oder dein, nur für mich allein!
II: Denn alle schönen Sachen sind nicht für mich allein! :II

Gemeinsam spielen macht Spaß!
9. „Pirat sein“ will ich heute spielen, komm doch mal vorbei!
II: Uns beiden fallen ganz bestimmt die tollsten Sachen ein! :II

Refrain:
Mein oder dein, nur für mich allein?
II: Denn alle schönen Sachen sind nicht für mich allein! :II

Tipps für eine kleine Aufführung: Die Rollen für die verschiedenen Themenbereiche Teddy, Traktor, Jacke und Kuchen werden aufgeteilt. Immer zwei Kinder spielen zu einem dieser Themen die „Haben“-Strophe und die dazugehörende „Teilen“-Strophe.
Bei den „Haben“-Strophen hält ein Kind den Gegenstand fest und das andere möchte ihn gerne haben. In den „Teilen“-Strophen gibt das Kind den jeweiligen Gegenstand her oder teilt ihn. Zur letzten Strophe führen alle beteiligten Kinder als Piraten einen wilden Tanz auf.

Gemeinschaftsspiele

Wie der Begriff „Gemeinschaftsspiele“ schon andeutet, geht es in ihnen darum, in einer Gruppe etwas zu erreichen. Gefordert ist hier ein Überblick über die Gruppe, Gefühl für die augenblickliche Situation und Einfühlungsvermögen in die Gefühlswelt der anderen. Die Kinder müssen schnell reagieren und sich auch für die anderen Kinder in der Gruppe „ein Bein ausreißen“, damit das Spiel gelingt und möglichst spannend ist. Idealer kann der Gemeinschaftssinn nicht gefördert werden. Die folgenden Spiele eignen sich gut für den erweiterten Familienkreis oder für einen Kindergeburtstag.

„Finde den Ring“

Für dieses Spiel werden mindestens sechs Mitspieler benötigt. Das Spiel macht Vierjährigen genauso viel Spaß wie Achtjährigen.

Alle Mitspielenden stehen im Kreis, außer einem Kind. Dieses steht in der Mitte. Nun wird auf einen Bindfaden, der um den Kreis geht, ein Ring gezogen. Der Faden wird zugeknotet. Einer der Kreisspieler nimmt den Ring in eine seiner Hände. Nun bewegen alle im Kreis ihre Hände nach links und rechts. In dieser Bewegung wird der Ring möglichst unauffällig weitergegeben und das Kind in der Mitte muss erraten, wo sich der Ring befindet. Nun ist das Kind dran, bei dem der Ring entdeckt wurde, oder alle Beteiligten kommen der Reihe nach dran.

„Das Freundschaftsnetz“

Dies ist ein ruhiges Spiel und kann in einem Zimmer zu dritt, aber auch in einer größeren Gruppe gespielt werden. Zu diesem Spiel benötigt man einen Knäuel mit dicker Wolle oder Schnur. Die Mitspieler sitzen auf Stühlen im Kreis. Ein Spieler beginnt, hält das Schnurende in der Hand und wirft das Knäuel einem anderen zu. Dieser hält die Schnur in der einen Hand und wirft das Knäuel weiter. Das wird so lange wiederholt, bis jeder dran war und die Schnur in der Hand hält.

Dann werden die Augen geöffnet und auf dem umgekehrten Weg wird das Freundschaftsnetz wieder aufgelöst.

„Der König ist nicht zu Hause“

In diesem Spiel kann man sich mal so richtig „offiziell“ daneben benehmen! Dieses Spiel lebt von den Gegensätzen, gemeinsam etwas zu arbeiten oder gemeinsam Unsinn zu machen. Aber keine Angst, liebe Eltern, es hat alles seine Ordnung! Falls Sie eine Spielkrone haben, wäre es schön, sie bei diesem Spiel einzusetzen.

Sie sind mindestens zu dritt. Eines der Kinder ist der König, und die Mitspieler arbeiten am Königshof. Sie kehren, hacken, nähen und kehren pantomimisch. Der König läuft stolz herum und schaut den anderen beim Arbeiten zu. Ruft der König plötzlich: „Der König ist nicht zu Hause“, fangen die anderen sofort an, nach Lust und Laune herumzublödeln und herumzuhampeln. Ruft der König: „Der König ist wieder zu Hause“, müssen sie schnell wieder ordentlich ihre Arbeit machen. Das Kind, das als Letzter seine Arbeit wieder aufnimmt, gibt entweder ein Pfand ab oder ist der nächste König.

Vertrauensspiele

Urvertrauen wird in der frühen Kindheit angelegt. Danach lernt Ihr Kind, sein Vertrauen auf andere Personen auszuweiten, auch auf solche, die nicht aus der Familie sind. Ohne Vertrauen kann sich keine gute Gemeinschaft entwickeln. Die folgenden Spiele habe ich selbst als Kind in Kindergruppen gespielt und habe sie noch sehr angenehm in Erinnerung. Diese Spiele regen gleichzeitig die Sinneswahrnehmung an. Ein Nebeneffekt, der sie doppelt sinnvoll macht.

Alle Spiele lassen sich mit der gesamten Familie und mit Freunden der Kinder durchführen. Auch ältere Kinder spielen hier noch gerne mit.

„Sich streicheln lassen“

Vielleicht ist gerade Herbstzeit und Sie sammeln mit Ihrem Kind Eicheln. Oder Sie spielen Tischtennis und haben deswegen viele Tischtennisbälle zu Hause. Ebenso oder auch als zusätzliches Material können Sie Tücher und kleine Muscheln verwenden.

Ihr Kind liegt mit dem Bauch auf einer warmen Decke und schließt die Augen. Sie und eventuell noch andere Mitspieler sitzen um das liegende Kind herum und lassen entsprechende Materialien auf es niederrieseln. Nach einiger Zeit können Sie sich auch von Ihrem Kind verwöhnen lassen! Ihr Kind hat am eigenen Leib erfahren, wie gut die Massage tut und kann nun Ihnen mit viel Einfühlungsvermögen dasselbe angedeihen lassen.

„Sich führen lassen“

Sie haben eine Rassel oder spielen ein anderes einfaches „Instrument“ (beispielsweise zwei Plastikbecher, die Sie am Boden aneinander klopfen). Ihr Kind schließt die Augen und lässt sich dem Geräusch folgend durch den Raum führen. Dies ist eine große Verantwortung für den Führenden, denn dieser muss immer für den anderen mitdenken, vorausdenken und zur Not auch einschreiten, wenn es zu gefährlich wird. Rollenwechsel.

5 „Ich hab dich zum Streiten gern!“

Vom Sinn und Zweck der Freundschaft

„Kann ich auch etwas davon bekommen?“
„Ich helfe dir.“
„Darf ich mitspielen?“
„Zusammen schaffen wir das!
„Das tut mir Leid …“

Diese Sätze zeigen blitzlichtartig Situationen einer Freundschaft und verdeutlichen die emotionale Basis freundschaftlicher Beziehungen. Denn in echten Freundschaften sind Probleme dazu da, sie zusammen durchzustehen. Genauso wie gemeinsam Spaß haben doppelt so viel Freude macht. Gerade Kinder verstehen sich mit ihren Freunden oft ohne Worte, sie wissen intuitiv, was der andere denkt und fühlt. Und dies macht diese einzigartige emotionale Qualität und Vertrautheit aus, die in späteren Jahren als Erwachsener so schwer wiederzufinden ist. Selbst wenn man die Freundin oder den Freund aus Kindertagen seit Jahren nicht mehr gesehen hat, kommt die Vertrautheit schnell zurück und man fühlt sich so zusammengehörig wie damals. Es tut einfach gut, als Erwachsener auf diesen emotionalen Schatz zurückblicken und auch darauf „zurückgreifen“ zu können. Und Eltern wünschen sich diese Erfahrung ebenso für ihre Kinder.

Freundschaft – wie alles beginnt

Kleinkinder haben schon sehr früh das Bedürfnis, mit anderen Kindern zu spielen. Bereits ab dem dritten Lebensmonat reagieren Kinder aufeinander. Zwar möchten sie in diesem Alter schon gerne mit anderen Kindern zusammensein, doch sind sie nicht in der Lage, wirklich miteinander zu spielen. Kleinkinder krabbeln aufeinander zu und sind neugierig. Sie erkennen sich gewissermaßen im anderen Kleinkind wieder und gehen anders aufeinander zu als auf einen fremden Erwachsenen.

In einer Krabbelgruppe mit Zweijährigen sieht gemeinsames Spielen zum Beispiel so aus: Einige Kinder hüpfen auf einer Matratze herum, andere rutschen auf Knien durch den Raum, während sie mit der Hand ihr Spielzeugauto lenken. Andere wiederum rutschen eine Rutschbahn hinunter. Sie alle spielen nicht miteinander, auch wenn einige das Gleiche machen. Trotzdem finden Kinder das schön und haben Spaß daran.

Für uns Erwachsene ist es einfach gut zu wissen, dass auch die Entwicklung zur Freundschaftsfähigkeit ihre Zeit braucht. Kleinkinder haben eine natürliche Ich-Bezogenheit und können sich in ein anderes Kind noch nicht so stark einfühlen, wie es für Kinder ab drei Jahren bei normaler Entwicklung immer mehr möglich wird. Ein weiterer Aspekt bei der Entwicklung von Freundschaften ist, dass Kinder ab diesem Alter auch fähig werden, Gruppenprozesse zu überblicken und sich darin zurechtzufinden. Dies kann nur gelingen, wenn diese Entwicklung gleichzeitig mit der Fähigkeit entsteht, sich in die Perspektive eines anderen hineinversetzen zu können.

Die Entwicklungsstufen der Freundschaft

„Hilfst du mir, dann helfe ich dir!“
Freundschaftliche Handlungen haben einen Zweck, zum Beispiel den, dass es gemeinsam besser geht als alleine und dass es dann auch mehr Spaß macht. Auf jüngere Kinder übertragen könnte dies beispielsweise heißen: „Wenn du mit dem Schaufelbagger spielst und ich mit dem Laster spiele, dann können wir zusammen eine große Sandburg bauen.“ In diesen freundschaftlich gestalteten Beziehungen lernen schon jüngere Kinder miteinander zu kooperieren. Diese Fähigkeiten entwickeln Kinder ab dem Alter von ca. drei Jahren.

„Geht es meinem sozialen Umfeld gut, so geht es mir auch gut!“
Trösten und helfen gehören in einer Freundschaft dazu. Denn wenn es dem Freund oder der Freundin wieder gut geht, so fühlt sich auch das tröstende Kind wieder besser. Diese Fähigkeit wird jedoch erst mit dem sich entwickelnden Einfühlungsvermögen herauskristallisiert und ist bei Freundschaften ab dem Vorschulalter zu beobachten.

„Freunde, damit ich mich mit anderen vergleichen und mich einschätzen kann.“
Freunde reflektieren untereinander ihr Handeln, ihre Ideen oder beispielsweise ihr Aussehen und drücken dadurch ihre Anerkennung füreinander aus. Anders gesagt: Kinder und Jugendliche schöpfen ihren „Marktwert“ aus der Wertschätzung anderer, am besten ihrer Freunde. Sie möchten sich an bestehende Sichtweisen und Normen anpassen und nicht aus der Rolle fallen. Diese Form der Freundschaften entwickeln sich ab dem Vorschulalter und gehen bis weit in die Pubertät hinein.

Was lernen Kinder in Freundschaften?

Wenn Kinder miteinander spielen, lernen sie dabei, einander zuzuhören und selbst Fragen zu stellen. Außerdem lernen sie, andere zu beobachten und den Unterschied zu erkennen zwischen dem, was einer tut, und dem, was er gesagt hat. Sie entwickeln Selbstbewusstsein und lernen, sich mit einem anderen Individuum auseinander zu setzen, ohne sich dabei selbst aus den Augen zu verlieren. Bei Konflikten werden Kooperationsbereitschaft, Kompromissfähigkeit und das Kontrollieren von Gefühlen geübt und auf die Probe gestellt. Anstatt bei einem vermeintlichen Angriff passiv oder wütend aggressiv zu werden, lernen Kinder zu vermitteln, sodass im Idealfall alle als Sieger aus dem Ring gehen können. Kinder lernen durch Freundschaften Eigenschaften, die sie für ihr ganzes späteres Leben dringend benötigen und die sie auf der Grundlage einer guten emotionalen Erziehung im Elternhaus mit ihren „Peers", also den gleichaltrigen Freunden, weiterentwickeln.

Zusammengefasst ist Freundschaft ein Balanceakt zwischen Geben und Nehmen, Zuhören und Seine-eigene-Meinung-Kundtun, zwischen Streiten und Sich-Versöhnen, Trösten und Getröstet-Werden, zwischen gemeinsamem Wütend-und-enttäuscht-Sein und gemeinsamer Freude, Glück und Spaß erleben, zwischen Enttäuscht-Werden und Vertrauen haben. In einer Freundschaft geht man eben gemeinsam durch „dick und dünn"!

Vor allem in der Vorschulzeit entstehen die ersten Freundschaften durch das Zulassen von körperlicher Nähe und gemeinsamen Spielaktivitäten. Mit Beginn der Grundschulzeit ist es wichtig, einen gleichgeschlechtlichen „dicken", also besten Freund bzw. eine Freundin zu haben, mit dem oder der man alles besprechen und teilen und gleichzeitig auch lernen kann, konstruktiv zu streiten. Eine solche Freundschaft ermöglicht ein weiteres emotionales Reifen und ist ein wichtiger Baustein für eine gute emotionale Entwicklung.

Ein weiterer Aspekt ist in diesem Zusammenhang ebenfalls von Interesse. Untersuchungen haben gezeigt, dass Kinder erst ab einem Alter von acht Jahren in der Lage sind, sich im Vergleich zu anderen, z.B. bei einem Spiel, richtig einzuschätzen. Echte Freundschaften, nicht Spielgemeinschaften, stabilisieren sich genau in dieser Zeit. Um sich ein Bild von sich selbst zu machen, sind Kinder bis zum achten Lebensjahr auf die Reflektion ihrer sozialen Umgebung angewiesen und dadurch auch extrem positiv wie negativ beeinflussbar.

Freunde erziehen sich gegenseitig

Neben den Eltern ist der gleichaltrige Freund eine der wichtigsten Bezugspersonen, denn mit Gleichaltrigen steht das Kind auf der gleichen Alters- und Entwicklungsstufe. Alles, was ein Kind bis zum Alter von drei Jahren an Emotionen und sozialen Handlungsschemata erfahren hat, fließt nun in die Begegnung und Interaktion mit Gleichaltrigen ein. Ab dem Alter von drei Jahren ist das Nachahmen von anderen Kindern die bevorzugte kindliche Lernsituation. Kinder imitieren die Handlungen ihrer Freunde und deren Art zu kommunizieren. Nicht umsonst spricht man in der Pädagogik von den Selbstbildungskräften des Kindes. Und das bezieht sich nicht nur auf das Kind selbst, sondern auch auf die Beziehungen von Kindern untereinander. Mit Gleichaltrigen kann ein Kind ein Gefühl für Gleichheit und Gerechtigkeit innerhalb einer Gruppe aufbauen und sein Bild von sich selbst und wie es in der Welt steht, immer mehr vervollkommnen.

Ein kurzer Exkurs: Sie erinnern sich vielleicht nicht an ihre frühe Kindheit, aber eventuell noch an Szenen in der Pubertät, als das, was Ihre Freunde sagten, wesentlich mehr ins Gewicht fiel als die Äußerungen Ihrer Eltern. Natürlich sind in der Pubertät die Abgrenzungsprozesse offensichtlicher, jedoch ist die Grundenergie der Ko-Konstruktion in jedem Alter die gleiche.

Freundschaft fördert Gruppenfähigkeit

Durch die in der Freundschaft mit Gleichaltrigen gewonnenen Erfahrungen und entwickelten sozialen Kompetenzen bekommt ein Kind zunehmend die Fähigkeit, in einer Gruppe zu agieren. Im Alter von fünf Jahren kann ein Kind die meisten Vorgänge in einer Gruppensituation erfassen und überblicken und mit entsprechenden Handlungen und Kommentaren ergänzen. Ab jetzt ist Kooperation auf einem höheren Level möglich. Wo noch die gerade Vierjährigen die anderen gerne nachahmen, möchte der Fünfjährige Eigenes in die Gruppe mit einbringen. Doch nur wer es schafft, sich in die Gruppe zu integrieren, kann dort seine Ideen äußern und etwas mit den anderen zusammen erreichen. In Gruppen, sei es mit mehreren Freunden zu Hause oder im Kindergarten, lernen Kinder, gleichzeitig viele soziale Eigenschaften „abzurufen". Das sind: Anpassung an die Gruppen- oder Spielregeln, die Fähigkeit, anderen zuzuhören, sich dabei gleichzeitig mit den eigenen Vorstellungen einbringen zu können und sich nicht unterbuttern zu lassen. Kinder müssen flexibel auf die Anforderungen des Zusammenspiels reagieren, d.h. nach Bedarf in verschiedene Aufgaben und Rollen schlüpfen, sie müssen tolerant gegenüber Reaktionen und Meinungen von anderen sein.

Und noch ein kurzer Exkurs: Beim Training der Kleinsten in einem Fußballverein kann man ziemlich deutlich die verschiedenen Stufen beobachten, wie sich Kinder in eine Gruppe integrieren und sich selbst einzuschätzen lernen. Jagen bei einem Spiel mit Minikickern alle zwanzig Kinder gleichzeitig dem Ball hinterher, so verliert sich diese chaotische Selbstbezogenheit im Gemeinschaftsspiel der fünf- bis sechsjährigen Spieler im Laufe der darauffolgenden zwei Jahre.

Beliebte und unbeliebte Kinder

Für Eltern ist es sehr angenehm zu wissen: „Mein Kind ist bei anderen Kindern ein gefragter Spielkamerad und hat viele Freunde." Die Beliebtheit des eigenen Kindes bei anderen Kindern ist gewissermaßen ein Garant dafür, dass sich das Kind gut in eine Gruppe integriert. Außerdem haben Eltern dadurch eine gewisse Sicherheit, dass ihr Kind eine emotional relativ stabile Kindheit durchleben kann und nicht die Rolle eines Außenseiters einnimmt.

Forscher wollten herausfinden, welches Verhalten für unbeliebte Kinder typisch ist. Kindergartenkindern wurden folgenden Fragen gestellt: „Was machst du, damit du dich mit jemanden anfreunden kannst?“, „Was tust du, wenn noch ein anderes Kind dasselbe Spielzeug haben will?“ und „Wie kannst du einen Freund von einem Streit abhalten?“ Dabei kam interessanterweise heraus, dass unbeliebte Kinder Antworten gaben, die genau das Gegenteil bewirken. Zum Beispiel gaben sie an, dass man das andere Kind hauen soll, damit man selbst in den Besitz des gewünschten Spielzeugs kommt. Eine andere Untersuchung an Grundschulkindern zeigte, dass Kinder, die unbeliebt sind, Probleme haben, Emotionen richtig zu erfassen. Bei einem Test sollten die befragten Kinder Gefühle wie Ekel, Angst, Wut oder Freude verschiedenen Gesichtern zuordnen. Unbeliebte Kinder machten dabei wesentlich mehr Fehler als Kinder, die beliebt waren. Offenbar haben also unbeliebte Kinder sehr oft Probleme, die Emotionen anderer richtig zu deuten. Diese Fähigkeit können Kinder jedoch von klein auf erlernen. Eltern, die in ihren Gefühlreaktionen sehr sprunghaft und unberechenbar sind, geben ihren Kindern bei diesem Lernprozess zu wenig emotionalen Halt.

Irgendwann kommen unbeliebte Kinder zu der Erkenntnis, dass sie selbst nichts tun können, um Freunde zu gewinnen. Sie resignieren, weil sie sich selbst nicht helfen können, und ihre emotionale Inkompetenz verstärkt sich dadurch noch. Diesen Teufelskreis gilt es zu durchbrechen. Diese Kinder müssen lernen, „soziale Zwischentöne“ zu erkennen, damit sie nicht als soziale Außenseiter stigmatisiert werden.

Konfliktfähigkeit – Streiten will gelernt sein

Die Fähigkeit, mit Konflikten konstruktiv umzugehen, muss erlernt werden. Auch viele Erwachsene tun sich damit schwer. Manager lernen in hochdotierten Seminaren, wie sie kreativ, motiviert und durchsetzungsfähig werden und dabei trotzdem sozial kompetent agieren.

Auch wir Erwachsenen nehmen oft Kritik zu schnell persönlich und reagieren entsprechend emotional. Die Basis dafür, dass wir ruhig und nicht verletzend reagieren und argumentieren können, ist jedoch Selbstbewusstsein. Wenn wir innere Stärke besitzen, weil wir wissen, was wir selbst wert sind, greifen Kritikpunkte nicht an die Basis unseres Selbstwertgefühls und wir können emotional kontrollierter reagieren.

Konfliktfähigkeit ist eine der „soft skills“ oder eine der Schlüsselqualifikationen, die unsere Kinder – und auch wir Erwachsenen – dringend zur Bewältigung des Lebens benötigen.

Um aber wirklich konfliktfähig zu sein, benötigen wir noch eine zweite Eigenschaft: Die Grundlage für ein konstruktives Lösen von Problemen ist die Achtung vor dem anderen. Dies überträgt sich auf den Dialog: Alle Parteien können ihre Würde bewahren. Letztlich benötigt man zur Konfliktfähigkeit regelrecht die diplomatischen Fähigkeiten der Akzeptanz und der Vermittlung, damit im Konfliktfall ein Kompromiss gefunden werden kann, in dem sich jeder wenigstens in Teilen mit seiner Meinung wiederfinden kann.

Geschwisterliebe – Geschwisterhiebe!

„Müsst ihr schon wieder streiten!“ Welche Eltern kennen diese Worte nicht! Streit in der Familie ist normal. Und dabei sollten Eltern sich bewusst sein, dass es bei all diesen nervtötenden Geschwisterstreitigkeiten um den Balanceakt zwischen gegenseitiger Abhängigkeit und Selbstbestimmung innerhalb der Geschwisterkonstellation geht und dass es sich nur symbolisch um das letzte Gummibärchen dreht.

Aus diesem Grund sollten Sie sich angewöhnen, nicht zu schnell einzugreifen. Weisen Sie vor allem nicht immer einem der Kinder die Schuld zu. Geben Sie den Kindern die Chance, eigenständig Lösungen zu finden. Seien Sie immer öfter standhaft, auch wenn nach Ihnen gerufen wird und Tränen fließen. Allerdings ist darauf zu achten, dass in der Familienkultur nicht das Prinzip des Stärkeren gilt. Wenn schon die Eltern rigide und auf für ihre Kinder unberechenbare Weise bestimmen, wer was macht und bekommt, brauchen sich die Eltern nicht wundern, dass es bei einem Streit auch zu körperlichen Auseinandersetzungen kommt.

Aber vielleicht geht es Ihnen auch so wie mir. Mein Mann und ich wollten unsere Kinder zu einem friedlichen Umgang miteinander erziehen und mussten irgendwann ganz realistisch feststellen, dass Aggressivität körperlicher und verbaler Natur phasenweise zum ganz normalen Alltag von Geschwistern gehört, auch wenn diese es von ihren Eltern überhaupt nicht vorgelebt bekommen. Trotzdem ist es wichtig, soziale Kompetenz vorzuleben, denn die Früchte dieser Bemühungen werden später eingefahren. Unsere Kinder verstehen sich seit einigen Jahren ausgesprochen gut und halten zusammen.

Tipps:

- Streit aufgrund geschwisterlicher Eifersucht lässt sich entschärfen, wenn ein Elternteil mit einem Kind alleine etwas unternimmt; beispielsweise mit ihm gemeinsam ein Fußballspiel ansieht, ins Schwimmbad geht, Drachen steigen lässt geht u.Ä.
- Klare Regeln sind wichtig, vor allem um zu klären, wer wann was zu tun hat. Zum Beispiel wer wann mit dem Hund Gassi geht oder dass für alle Kinder klar ist, dass sie nichts ungefragt aus dem Kühlschrank zu nehmen haben.
- Gestehen Sie ihren Kindern eigene Entfaltungsmöglichkeiten zu (Freunde, Hobbys etc.).
- Suchen Sie in einer Familienkonferenz nach Lösungen, die für alle akzeptabel sind.
- Bleiben Sie sachlich und ruhig. Es werden nicht die Personen angegriffen, sondern es geht um einen Streitpunkt.
- Lassen Sie sich nicht auf Machtspielchen und vermeintliche Diskussionen ein („Aber du hast doch...“). Sie sind der Chef im Ring und bestimmen den Rahmen!

- Demütigen Sie Ihr Kind nicht und machen Sie es nicht lächerlich. Lassen Sie es Ihre momentane Abneigung nicht spüren und ignorieren Sie es nicht. Schicken Sie es lieber zur Bereinigung der Emotionen in sein Zimmer, bis ein ruhiges Gespräch geführt werden kann.
- Vermeiden Sie nach Streitigkeiten Strafen, die das Kind nicht verstehen kann. Erst nach entsprechenden Verhandlungen zur Situation, nach einer Entschuldigung und mit einer gewissen Einsicht des Betroffenen wird eine angemessene „Entschädigung“ ausgehandelt. Ansonsten wird beim nächsten Mal gelogen und Ihr Kind lernt aus Angst Vermeidungsstrategien, die nicht dazu beitragen, die Fähigkeit zur Konfliktlösung zu entwickeln.

Und wie steht es mit Ihnen selbst?

Alle guten Vorsätze nützen nichts, wenn wir uns selbst in Konfliktsituationen zu wenig im Griff haben. Deswegen ist es sehr wichtig, dass Eltern sich selbst in Konfliktsituationen reflektieren. Wie zum Beispiel: „Kann ich überhaupt fair streiten, ohne ausfallend und verletzend zu werden? Bin ich selbst auf Ausgleich bedacht, ohne jedoch meine eigene Position aufzugeben? Kann ich im ‚Gewühle der Gefühle‘ ziel- und lösungsorientiert handeln und meinen eigenen Standpunkt klar in Worte fassen – oder gebe ich sofort nach?“

So lernt Ihr Kind spielerisch, Freundschaften zu entwickeln

Mit diesem „Spiele-Pool" zum Thema Freundschaft können Sie bei Ihrem Kind das Einfühlungsvermögen und die Akzeptanz gegenüber anderen fördern. Diese Eigenschaften sind die Vorausset-zungen, damit Ihr Kind Freundschaften schließen kann. Jeder reagiert in den folgenden Spielen mit seinen im Augenblick vorhandenen Möglichkeiten und gibt sein Bestes. Gleichzeitig lernt Ihr Kind aber, Frustrationstoleranz zu entwickeln, d. h. wenn es einmal nicht so gut klappt oder es nicht nach seinem Willen geht, überwindet es sein Beleidigtsein und seine Ängste, damit es weiter mitspielen kann. Kommen Unstimmigkeiten während eines Spiels auf, weil sich jemand benachteiligt fühlt oder von einem Mitspieler beispielsweise geschubst wurde, dann ist es wichtig, dass alle Kinder mit Ihrer Hilfe auf konstruktive Weise die Konflikte besprechen und sich gegebenenfalls entschuldigen.

Hinweis: Angebote zur Förderung des Selbstbewusstseins (siehe Kapitel 3: „Sich selbst vertrauen können", Seite 35), der Toleranz (siehe Kapitel 4: „Vom ‚Ich' zum ‚Wir' und vom ‚Haben' zum ‚Teilen'", Seite 47) und der Entwicklung von sozialem Bewusstsein (siehe Kapitel 6: „Kinder lernen Toleranz", Seite 73), können Sie ergänzend dazu einsetzen.

Lied: „Trotzdem bin ich dein Freund" (CD/MC, Track 6)

Dieses Lied schildert die Höhen und Tiefen einer Freundschaft, sei es zu einem Jungen oder einem Mädchen aus der Spielgruppe oder zum Bruder. Kinder lernen in Freundschaften, sich mit anderen auseinander zu setzen und das Spannungsfeld zwischen Streiten und Sich-wieder-Vertragen auszuhalten. Sie müssen die Launen der anderen nicht ertragen, sie können sich gegen unangenehmes Verhalten wehren. Zusätzlich üben sie sich in der wichtigen Schlüsselqualifikation „Konfliktfähigkeit". Nur dann sind sie in der Lage, als erwachsene Menschen echte Partnerschaft und Freundschaft zu leben.

Hat Ihr Kind gerade Probleme mit einem Freund oder streiten sich Ihre Kinder ständig, singen Sie dieses Lied und sprechen Sie mit Ihrem Kind über die Inhalte der einzelnen Strophen. Vieles wird Ihrem Kind vertraut vorkommen. Vielleicht kann ihm über das Gespräch der Leidensdruck, wenn zum Beispiel die Freundin am Morgen ganz gemein war, etwas genommen werden.

„Trotzdem bin ich dein Freund“

1. Mit Paula macht das Spielen Spaß,
denn sie erfindet immer was.
Doch heute schnappte sie ganz keck
mein Lieblingsspielzeug einfach weg!

Refrain:
II: Trotzdem bin ich ihr Freund,
mit dem sie streitet und mal träumt.
Ich rufe mal die Paula an,
ob sie denn mit mir spielen kann. :II

2. Den Jannis fand ich heute blöd.
Doch ohne ihn ist‘s ziemlich öd.
Wie Tarzan sprang er heute rum
und rannte alle Kinder um.

Refrain:
II: Trotzdem bin ich sein Freund,
mit dem er streitet und mal träumt.
Ich laufe schnell zu ihm nach Haus.
Vielleicht darf er ja heut noch raus! :II

3. Mein Bruder Tim ist ziemlich klein,
er fällt auf jeden Streich herein!
Und merkt er es, so fängt er dann
ganz fürchterlich zu heulen an!

Refrain:
II: Trotzdem bin ich sein Freund,
mit dem er streitet und mal träumt.
Ich klopf an seiner Türe an,
ob er mit mir jetzt basteln kann. :II

Spiel: „Wen erkenne ich an den Händen?“

Erkennen Sie die Hände Ihrer Familie mit geschlossenen Augen? Oder bieten Sie dieses Spiel bei einem Kindergeburtstag an, damit die Kinder prüfen können, ob sie sich gegenseitig gut an den Händen erkennen können. Das Spiel macht viel Spaß, es intensiviert die Wahrnehmung von Tasten und Fühlen bei den Kindern. Dabei müssen sich alle Mitspieler stark konzentrieren und versuchen, sich – bei geschlossenen Augen, nicht schummeln! – genau das Aussehen der anderen in Erinnerung zu rufen.

Dieses Spiel können Sie ab drei Mitspielern spielen. Dazu werden beispielsweise zuerst Ihnen die Augen verbunden. Der Rest der Familie streckt Ihnen die Hände entgegen und Sie versuchen durch Tasten zu erraten, wem welche Hände gehören.

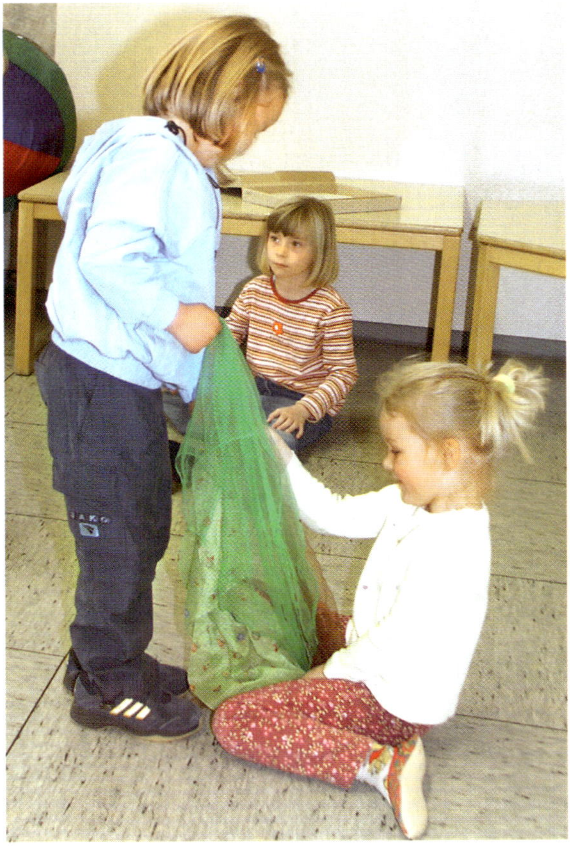

Spiel: „Gemeinsam durch den Zauberwald“

Dies ist ein einfaches und lustiges Kooperationsspiel, das Sie bei jedem Kindergeburtstag einsetzen, aber auch allein mit Ihren Kindern spielen können. Die Kinder lernen bei diesem Spiel, dass sich jeder einmal anzupassen hat und dann auch wieder die Führung übernehmen kann.

In einem größeren Raum, auf einer Wiese oder Terrasse werden verschiedene Gegenstände auf dem Boden verteilt. Das können Bälle, Stühle, Kisten, Keulen sein. Das ist der Zauberwald. Dann nehmen Sie sich alle an den Händen und laufen zum Beispiel zu einer schnellen Musik durch den Zauberwald. Dabei müssen Sie sich ständig über die Laufrichtung einigen und gleichzeitig versuchen, keinen der Gegenstände zu berühren oder umzustoßen.

Spiel: „Die Riesenschlange“

Dieses alte Kinderspiel hat insofern einen besonderen Reiz, als die Mitspieler einerseits eine Einheit als Schlange bilden und andererseits sich einzeln entscheiden können, ob sie dem Schlangenkopf bei der Jagd nach dem Schlangenschwanz helfen oder nicht. Es eignet sich sowohl als Familienspiel als auch als reines Kinderspiel zum Beispiel für Kindergeburtstage. Für Kinder ab vier Jahren. Benötigt werden mindestens vier Mitspieler.

Stellen Sie sich in einer Schlange auf, indem jeder seine Arme um den Bauch des vorderen Mitspielers schlingt. Der Letzte in der Schlange hat ein Tuch im Hosenbund stecken. Der „Kopf“ der Schlange führt nun die ganze Schlange durch den Raum oder über die Wiese und beginnt gleichzeitig, Jagd auf den Schwanz der Schlange zu machen. Wenn der „Kopf“ das Tuch herausgezogen hat, ist das Spiel beendet und die Rollen werden getauscht.

Wichtig: Während des Spiels darf die Schlange nicht auseinander brechen, sonst beginnt das Spiel von vorne.

Spiel: „Der Retter in der Not!“

Das folgende Spiel fördert das selbstständige Entscheiden und Agieren innerhalb einer Gruppe. Aus diesem Grund können Sie es erst mit Kindern ab vier Jahren spielen. Denn erst dann kann Ihr Kind rasch genug brenzlige Spielsituationen erkennen, bei denen man selbst oder ein anderer Hilfe benötigt. Denn um sinnvoll handeln zu können, müssen alle Mitspieler immer die ganze Gruppe im Blick haben. Ein weiterer Vorteil bei diesem Spiel ist, dass eventuell vorher innerhalb der Familie oder zwischen Freunden stattgefundene Streitereien ausgebügelt werden. Erstens, weil sich alle gegenseitig helfen, und zweitens, weil alle miteinander Spaß haben und lachen.

Ursprünglich heißt dieses jahrhundertealte Spiel „Hilfezeck“. Es kann überall gespielt werden, wo etwas Platz zur Verfügung steht. Es eignet sich gut für eine Familie, aber auch für einen Kindergeburtstag und kann ab fünf Mitspielern durchgeführt werden. Ein Mitspieler ist der Fänger, und die anderen laufen vor ihm davon. Wird ein Spieler vom Fänger gejagt und in die Enge getrieben, kann ein anderer Mitspieler ihm als „Retter in der Not!“ zu Hilfe eilen. Dabei umarmt der Helfer das Kind und hat es damit vor dem Abschlagen des Fängers geschützt. Dieser versucht aber nun, andere Mitspieler zu fangen. Retter und Geretteter lassen sich wieder los und gliedern sich wieder in das Spielgeschehen ein. Wer gefangen wird, ist der neue Fänger.

6 Kinder lernen Toleranz

Was Sie als Eltern wissen sollten

„Mit Alexa spiel ich nicht, die sieht so komisch aus!"
„Felix darf nicht zu meinem Geburtstag kommen, weil er nicht so gut laufen kann. Er ist ja behindert!"
„Ich spiele lieber mit Max, der hat besseres Spielzeug als du!"

Kinder müssen Toleranz lernen, und das geht wie in fast allen Erziehungsbereichen über das Vorleben durch die Erwachsenen. Die Fähigkeit, soziales und ethisches Handeln zu entwickeln, wenn wir Menschen begegnen, die anders aussehen, eine andere Meinung oder vielleicht eine Behinderung haben, muss Kindern von klein auf von der Umwelt vermittelt werden.

Ob ein Erwachsener tolerant ist gegenüber anderen, lesen Kinder an seinen emotionalen Reaktionen ab, an seinen Gesten und daran, was der Erwachsene sagt. Alle Kinder spüren etwaige Ängste und Vorurteile ihrer Bezugspersonen gegenüber anderen Menschen (oder in bestimmten Situationen) und werden diese Gefühle unbewusst übernehmen. Gleichzeitig ist es aber für die Entwicklung von Kindern sehr wichtig, dass Kinder das Verhalten ihrer Bezugspersonen imitieren. Kinder lernen während der ersten Jahre ihres Lebens fast nur durch Nachahmung. Sie nehmen von Geburt an unbewusst alle positiven wie auch die negativen Aspekte ihrer Bezugspersonen auf. Erwachsene haben leider die Tendenz, verstärkt das Trennende, das Unbekannte, das die eigene Situation In-Frage-Stellende zu sehen. Damit beschränken sie ihre eigene Lebenssicht und hemmen unter Umständen Impulse für ein lebendiges und neugieriges Lebensgefühl, was sich mit der Zeit auf ihre Kinder überträgt. Aus diesem Grund sollten sich Eltern in Anwesenheit ihres Kindes ihrer jeweiligen Reaktion auf andere Menschen und Situationen sehr bewusst sein.

Auf Grundlage dieses im emotionalen Erfahrungsgedächtnis gespeicherten Bewertungssystems, das die jeweiligen Bezugspersonen im Laufe der Zeit bewusst und unbewusst vermitteln, entscheiden Kinder spontan, wem sie vertrauen und wem sie misstrauen und wie sie sich deswegen verhalten.

Die Grundlagen der Toleranz

Tolerant kann man nur werden, wenn man einen eigenen Standpunkt besitzt und psychisch gefestigt und selbstbewusst ist. Die Grundvoraussetzung für die Entstehung von Selbstbewusstsein ist, dass wir Kontakt zu unseren innersten Bedürfnissen haben. Selbstbewusste Kinder und Erwachsene wissen, was ihnen wichtig ist und gut tut. Sie können „Nein!“ sagen, auch auf die Gefahr hin, den anderen nicht mehr zu gefallen oder ausgegrenzt zu werden.

Wird man mit einer anderen Meinung konfrontiert, müssen Kinder und Erwachsene selbstbewusst genug sein, auf die eigenen Interessen zurückzugreifen, diese den anderen entsprechend sprachlich darzustellen und sich nichts „überstülpen“ zu lassen. Gleichzeitig müssen sie dabei auch offen genug sein, die andere Meinung anzuhören und sich mit Einfühlungsvermögen und Empathie in die Perspektive des anderen hineinzuversetzen. Das bedeutet, die innere Spannung aushalten zu können, wenn jemand anderes „einem die Meinung sagt“ und man dagegen argumentieren muss. Eine solche Situation trägt natürlich ein gewisses Konfliktpotenzial in sich, vor dem viele Erwachsene und Kinder aus falsch verstandenem Harmoniebedürfnis Angst haben und daher lieber die eigene Meinung unter den Teppich kehren und ihren Ärger und die Wut in sich hineinfressen. Wahrscheinlich haben sie zu einem früheren Zeitpunkt erlebt, dass ihre Meinung nicht beachtet wurde, oder sie wurden ausgelacht oder sogar beschimpft.

Wann Kinder lernen können, andere zu tolerieren

Toleranzerziehung fängt im Elternhaus an. Eltern sind gerade für die Toleranzerziehung das optimale Vorbild, denn sie stellen sich von Anfang an auf ihr Kind ein. Der Tagesablauf, der Urlaub, die Unternehmungen, der Autokauf, die Wohnung – alles wird auf die Bedürfnisse der Kinder abgestimmt. Doch letztlich müssen alle Mitglieder der Familie, auch die Kinder, lernen, aufeinander Rücksicht nehmen. Nur so klappt es mit einem einigermaßen harmonischen Zusammenleben. Rücksichtnahme auf die Bedürfnisse anderer, ohne sich selbst dabei aus den Augen zu verlieren, ist neben Selbstbewusstsein und Einfühlungsvermögen die Grundlage dafür, Toleranz entwickeln zu können. Ab dem dritten Lebensjahr sind Kinder in ihrer geistig-seelischen Entwicklung immer besser dazu in der Lage, auf die Bedürfnisse anderer Rücksicht zu nehmen. Rücksicht kann ein Kind nur nehmen, wenn es nicht nur mitfühlen, sondern sich in die Lage eines anderen versetzen kann.

Dass sich dieses Spektrum an sozialen Fähigkeiten natürlich langsam entwickelt und zudem sehr abhängig vom sozialen Umfeld ist, steht außer Frage. Außerdem hängt die Fähigkeit, seine eigenen Bedürfnisse mit denen anderer abzustimmen, sehr eng mit der Entwicklung von Frustrationstoleranz zusammen, die zum Zeitpunkt der Einschulung vorhanden sein sollte, damit sich Ihr Kind in seinen Klassenverband integrieren kann.

Marle packt ihr Frühstück im Kindergarten aus. In der Brotdose liegen ein Apfel, ein kleines Käsebrot und ein Knackwürstchen. Genüsslich beißt sie in das Würstchen. „Iiieh!", ruft Elena plötzlich. „Du isst ja Tiere!" Verdutzt schaut Marle Elena an. „Ich esse keine Tiere", entgegnet sie trotzig. „Du lügst!", ruft Elena entrüstet. „Wurst wird aus Tieren gemacht, und es ist doch traurig, wenn sie wegen dir sterben müssen!" Marle hat sich noch nie Gedanken darüber gemacht und ist mit der Beschuldigung, dass sie für das Sterben von Tieren verantwortlich ist, restlos überfordert. „Gar nicht!", ruft sie trotzig. „Ich esse keine Tiere!" „Doch! Du isst doch Wurst!", ruft Elena zurück. „Langsam", mischt sich die Erzieherin ein, die das Gespräch mitbekommen hat. „Elena hat Recht, Marle, du isst Wurst, und Wurst ist aus dem Fleisch von Tieren hergestellt. Aber die Menschen ernähren sich, seit es sie auf der Welt gibt, vom Fleisch von Tieren. Und viele Tiere ebenso, wie zum Beispiel der Wolf, der Löwe und der Tiger." Marle schaut verwundert und meint dann: „Also mir schmeckt Wurst trotzdem!" „Also, dann iss sie einfach weiter", spricht die Erzieherin beruhigend auf sie ein. „Igitt, ich werde nie mehr in meinem ganzen Leben Wurst und Fleisch essen!", platzt Elena heraus. „Das ist doch in Ordnung, wenn du das nicht willst", entgegnet die Erzieherin. „Aber du musst anderen zugestehen, dass sie trotzdem weiter Fleisch essen wollen. Außerdem wusste es Marle nicht besser, und ich finde es nicht in Ordnung, wenn du sie als Lügnerin bezeichnest. Bitte entschuldige dich bei ihr." Elena geht zu Marle, reicht ihr die Hand und entschuldigt sich. Dann geht sie auf ihren Platz zurück und beißt nachdenklich in ihr Käsebrot.

In diesem Beispiel fungiert die Erzieherin als diplomatische Vermittlerin. Sie zeigt beiden Mädchen auf, dass beide Standpunkte ihre Berechtigung haben und deswegen sich nicht eine der beiden schlechter fühlen und sich der Meinung der anderen unterzuordnen hat. Dies ist vor allem für Marle besonders wichtig. Elena lernt, dass sie ihre Meinung anderen nicht einfach überstülpen kann und dass sie sich zudem einen anderen Wortschatz angewöhnen muss.

Intoleranz und Ausgrenzung steckt in jedem

Kinder sind von Natur aus offen und unvoreingenommen, außer sie sind extrem schüchtern. Kleinkinder finden Menschen, die anders aussehen als sie selbst, sogar sehr interessant. Da wird die Brille von der Nase gezogen, unbefangen an den wuscheligen Locken gerupft und der Bart gekrault.

Ausgrenzungstendenzen wegen Aussehen, auffallendem Verhalten oder beispielsweise aus Eifersucht beginnen erst ab dem fünften Lebensjahr. Ab dem Vorschulalter werden die ersten festen Freundschaften geschlossen. Das heißt, der Freund/die Freundin wird bewusst ausgesucht und ab diesem Moment kommt es bei Kindern häufiger vor, dass sie ihren Freund nur für sich allein haben wollen. Dabei suchen sie unbewusst nach Anlässen, wie sie die anderen Kinder ihrem Freund „madig" machen können.

Intoleranz entsteht oft in Situationen, in denen wir beispielsweise mit einem Menschen konfrontiert werden, dem wir „aus dem Bauch heraus" ablehnend gegenüberstehen. Vielleicht symbolisiert dieser Mensch Träume oder aktiviert Sehnsüchte, die wir verdrängt und in den dunkelsten Winkel unserer Seele geschoben haben. Oftmals aber haben wir einfach eine spontane Abneigung gegen einen Menschen, weil er uns unsympathisch ist in seiner Art zu sprechen oder zu handeln oder weil wir sein Aussehen nicht mögen. Das ist eine völlig normale Reaktion, die uns Mutter Natur zum eigenen Schutz mitgegeben hat. Intoleranz kann auch entstehen, wenn wir von Kind an Vorstellungen unserer sozialen Umgebung übernehmen mussten, die ohne Widerworte hinzunehmen waren und die bei Nichtbefolgen mit Strafen geahndet wurden.

Aus diesem Grund ist es wichtig, dass Kinder in ihrer Meinungsbildung und beim Entdecken von Vorlieben oder Abneigungen ihren eigenen Entscheidungsprozess verfolgen dürfen, sich also nicht unter Druck an die Meinung der Umwelt anpassen müssen. Ein dreijähriges Kind ist mit dieser eigenen Entscheidungsfindung überfordert, aber ein fünf- bis sechsjähriges nicht. Im Gegenteil, eine eigene Entscheidung fällen zu dürfen, stärkt sein Selbstbild und sein Selbstbewusstsein und hilft ihm zu lernen, einen eigenen Standpunkt zu vertreten und nicht von anderen Meinungen beeinflusst zu werden. Jedoch ist klar, dass Kinder nur zu Dingen nach ihrer eigenen Meinung gefragt werden sollen, die sie auf ihrer jeweiligen Entwicklungsstufe überschauen können. Alltägliche Entscheidungen, beispielsweise zu welcher Uhrzeit gegessen oder ins Bett gegangen wird, sollten noch über das Grundschulalter hinaus nicht von Kindern selbst getroffen werden. Aber sehr wohl, welchen der (gesunden) Brotaufstriche es gerne auf's Brot haben möchte, welches Bilderbuch es vorgelesen haben will oder wen es zum Spielen einladen möchte.

Erfahren Kinder in ihrer Erziehung Verständnis und Einfühlungsvermögen und werden sie in ihrer Eigenständigkeit und in ihrem Selbstbewusstsein gefördert, so werden sie andere Menschen, die eine körperliche oder geistige Behinderung haben, in eine andere Kirche gehen, oder Kinder, die nicht so viel Spielzeug haben wie sie selbst, nicht von vornherein ausgrenzen, sondern einfach akzeptieren. Diese Kinder haben keine Angst vor denen, die anders sind. Sie behalten eine Offenheit diesen Menschen gegenüber, denn sie stehen mit beiden Beinen auf dem Boden. Sie müssen andere nicht hänseln und ärgern, weil sie sich selbst durch das Manko des anderen auf eine höhere Stufe stellen wollen.

Tolerant zu sein bedeutet jedoch nicht, dass man mit jedem „gut Freund" sein muss, sondern dass man ihn einfach so lassen kann, wie er ist. Sich auch mit anderen Kindern oder Gruppen solidarisch zu erklären, ist eine Facette der Toleranz. Gleichgültigkeit sieht vielleicht manchmal nach außen ähnlich wie tolerantes Verhalten aus, jedoch besitzt tolerantes Verhalten eine aktive Entscheidung und innere Anteilnahme am anderen, die bei gleichgültigem Verhalten nicht vorhanden ist.

Vielleicht entwickeln diese selbstbewussten, solidarischen und toleranten Kinder auch Zivilcourage, um anderen, die ausgegrenzt werden, zu helfen.

Gründe für die Ausgrenzung schwieriger Kinder

Um mit anderen Kindern Freundschaften schließen zu können, benötigen Kinder ein so genanntes funktionierendes „Gefühle-Abc“. Das bedeutet, dass Kinder in der Lage sind, einem anderen Menschen Gefühle wie Wut, Traurigkeit, Freude, Angst etc. anzusehen und diese Gefühle mitempfinden zu können. Nur wenn Kinder imstande sind, die Gefühle der anderen richtig zu deuten, können sie entsprechend reagieren und sich langfristig in ein Spielgeschehen mit Gleichaltrigen integrieren. Es gibt leider immer mehr Kinder, die „gefühlsblind“ für die Gefühlswelt anderer und aus diesem Grund verhaltensauffällig sind. Manche Verhaltensformen wie Trotz und Wut liegen bei Kleinkindern in der altersentsprechenden normalen Entwicklung. Aber unabhängig von diesen „normalen“ expressiven Verhaltensauffälligkeiten sind die Gründe für das Verhalten schwieriger Kinder in einer ambivalenten Gefühlserziehung der Eltern zu finden. Negativ ausgedrückt, haben diese Kinder unsichere Eltern, die einerseits einmal übermäßig streng sind und im nächsten Augenblick ihr Kind wieder tun lassen, was es will. Es fehlt an einer erzieherischen Konsequenz und an liebevoller Grenzziehung. Kinder solcher Eltern bekommen von Geburt an nicht die Möglichkeit, konstante emotionale Reaktionen und Befindlichkeiten zu erhalten und diese aufgrund der Konstanz konkret einordnen zu können. Wie sollen sie da später in der Lage sein, Gefühle anderer Kinder richtig deuten zu können? Sie bekommen im Gegenteil häufig negative Resonanz auf ihre Aktivitäten, weil sie sich in den Augen der anderen nicht richtig verhalten.

Kinder mit emotionalen Problemen reagieren in ihrer jeweiligen Emotion übermäßig und finden bei den anderen Kinder kein Verständnis dafür. Die Folge ist auf längere Sicht die Ausgrenzung dieser Kinder. Es sind also vor allem der Hang zu Wutausbrüchen und die Wahrnehmung einer objektiv nicht vorhandenen Feindseligkeit der anderen gegen einen selbst, die dann dazu führen, dass sich die Kinder selbst ausgrenzen. Auch Mutismus (Stummheit) und starke Schüchternheit können zu diesem Ergebnis führen.

Gemeinsam spielen unterstützt die emotionale Orientierung

Es gibt zwei Wege, ausgleichend auf Kinder einzuwirken, die sich in einer Phase von starken affektiven Reaktionen (sie müssen sofort alles bekommen, was sie wollen, sie greifen andere an, sie schreien unartikuliert herum, sie schlagen um sich) befinden: der eine ist eine emotional verlässliche Erziehung durch die Eltern, der andere das immer wiederkehrende Spielen von Regelspielen. Spielen Sie mit ihrem Kind zum Beispiel Mikado, „Mensch ärgere dich nicht“ oder Federball. Bitte beachten Sie Folgendes beim Spiel:

1. Die Regeln werden vorher genau besprochen. Achten Sie darauf, dass alle Mitspieler sie wirklich verstanden haben.
2. Alle müssen darauf achten, dass die Regeln eingehalten werden.
3. Bei Konflikten suchen alle gemeinsam nach verbalen Lösungsmöglichkeiten.
4. Während des Spiels sollte unbedingt gesprochen werden! Man freut sich auch über den Erfolg eines anderen oder sagt ein paar anerkennende Worte dazu.
5. Bei unkontrollierten und übermäßigen Wutausbrüchen oder anderen übermäßigen Vorkommnissen während des Spiels muss sich das betreffende Kind abseits der anderen beruhigen – und darf erst dann wieder mitspielen.

Sie fungieren als positiver und ausgleichender Impulsgeber. Wenn Sie diese Regeln beachten, geben Sie Ihrem Kind einen Rahmen und eine authentische und sofortige Grenzziehung. Diese Regeln greifen jedoch nicht den Persönlichkeitskern Ihres Kindes an, sondern nur sein augenblickliches Verhalten. Dadurch kann Ihr Kind seine Würde bewahren und nur dann besteht Aussicht auf eine Verhaltensänderung.

So unterstützen Sie Ihr Kind in seiner Gefühlswahrnehmung und Toleranzfähigkeit

Um Toleranz zu lernen, brauchen Kinder auch Gelegenheiten, ihre Fähigkeiten auf diesem Gebiet anzuwenden. Eltern erhalten in den folgenden vielfältigen Angeboten ausreichend Möglichkeiten, wie sie ihr Kind in seiner Gefühlswahrnehmung und Toleranzfähigkeit fördern können. Außerdem können diese Angebote sie in brenzligen Situationen mit ihrem Kind unterstützen und ihrem Kind eine Orientierung im Gefühlschaos geben.

Hinweis: Folgende Angebote können Sie ergänzend einsetzen: zur Förderung des Selbstbewusstseins Kapitel 3: „Sich selbst vertrauen können", Seite 35; zur Förderung der Fähigkeit zur Freundschaft Kapitel 5: „Ich hab dich zum Streiten gern", Seite 59, und zur Förderung der Entwicklung von sozialem Bewusstsein Kapitel 4: „Vom ‚Ich' zum ‚Wir' und vom ‚Haben' zum ‚Teilen'", Seite 47.

Gefühle ausdrücken und erkennen im „Gefühle-Abc"

Die verschiedenen einfachen Spielstufen des „Gefühle-Abc" machen viel Spaß und ermöglichen, dass Ihr Kind dabei auch die nonverbalen Signale dieser Basisgefühle erkennen lernt und sie dann in seinem Gefühlsrepertoire stabilisiert. Bei diesen Spielen ist vieles erlaubt, also auch die stimmlichen und pantomimischen Ausdrucksformen unserer Gefühlswelt. Sie brauchen zur Durchführung des Spiels lediglich etwas Platz, z.B. im Wohnzimmer, und für das rasche Basteln von Gefühlsbildern etwas Karton oder Papier und alte Zeitschriften. Alle Spiele eignen sich für das Spielen zu zweit, aber auch in einer Gruppe mit einer beliebigen Anzahl von Kindern und Erwachsenen (denen es auch manchmal gut tut, sich auf eine so elementare Ebene zu begeben).

Und schon kann's losgehen: Stellen Sie sich zur Einstimmung vor Ihr Kind und spielen Sie z.B. das Gefühl der Angst. Dann lassen Sie Ihr Kind raten. Spielen Sie dann die weiteren Grundgefühle wie Wut, Ekel, Staunen, Freude und Trauer und lassen jeweils Ihr Kind raten. Danach ist Ihr Kind dran.

„Gefühlsbilder ausschneiden"

Kinder lieben es sehr, in Katalogen und Zeitschriften herumzublättern und etwas daraus auszuschneiden. In einer kleinen Bastelstunde stellen Sie gemeinsam mit Ihrem Kind die Gefühlsbilder zu den Gefühlen Angst, Wut, Ekel, Staunen, Freude, Trauer her. Günstig ist es, wenn Sie dafür alte Kinder- und Elternzeitschriften zu Hause haben. Denn in diesen werden häufig Kinder in unterschiedlichen Situationen abgebildet. Mit Schere, Kleber und Karton oder Papier ausgerüstet, machen Sie sich mit Ihrem Kind auf die Suche nach Bildern, die Gefühle darstellen. Diese werden dann ausgeschnitten. Während des Ausschneidens ist es sehr wichtig, dass Sie mit Ihrem Kind die Bilder genau betrachten und besprechen: „Wie fühlt sich das Kind/die Frau/der Mann in dieser Situation?", „Ist das für dich ein gutes oder ein schlechtes Gefühl?" Nun sortieren Sie die Gefühlsbilder und kleben beispielsweise alle Menschen, die wütend aussehen auf diesen Bildern, auf einen Karton. Wenn Sie nur ein Bild für ein Gefühl gefunden haben, ist es auch in Ordnung. Haben Sie aber zum Beispiel keine wütenden Menschen gefunden, so malen Sie einfach ein wütendes Strichgesicht. Diese selbst gebastelten Gefühlsbilder können nun für die folgenden „Gefühle-Clown"-Spiele verwendet werden.

Der „Gefühle-Clown"

Variante 1: Die Gefühlsbilder liegen mit den Bildern nach oben auf dem Boden oder auf dem Tisch. Ihr Kind stellt sich nun als Gefühle-Clown vor die anderen und stellt ein Gefühl dar. Alle raten, welches der Gefühlsbilder das dargestellte Gefühl zeigt.

Variante 2: Die Gefühlsbilder liegen mit den Bildern nach unten auf dem Boden oder dem Tisch. Ihr Kind ist der Gefühle-Clown und deckt nur für es selbst sichtbar eines der Gefühlsbilder auf. Dann stellt es dieses Gefühl dar. Alle raten, welches Gefühl es ist. Ist es erraten, wird jemand anderes der Gefühle-Clown.

„Die Welt der bunten Gefühle"

Hat Ihr Kind gerade einen heftigen Streit oder einen Wutausbruch hinter sich oder ist es traurig, so können Sie dieses Spiel gut zum Abregen und zur Klärung der Gefühle einsetzen. Sie benötigen dazu nur Papier und Stifte und zwanzig Minuten Zeit. Bei diesem Spiel werden die Gefühle durch das Malen ausgedrückt. Dieses Spiel können Sie mit ihrem Kind regelmäßig machen und dabei beobachten, wie es sich verhält und verändert und ob es die Emotionen im Laufe der Zeit besser verarbeiten und verkraften kann.

Sprechen Sie mit Ihrem Kind darüber, wie es sich gerade fühlt und wie es dieses Gefühl beim Malen ausdrücken mag.

Zum Beispiel:

- Es malt sich selbst auf das Blatt.
- Es malt ein Tier.
- Es malt ein Haus in einer bestimmten Landschaft.

Variante: Ihr Kind sucht sich ein bestimmtes Gefühlsbild aus und malt dieses Gefühl ab.

Betrachten Sie dann mit Ihrem Kind das Bild und lassen Sie sich die Einzelheiten von ihm in seinen Worten beschreiben. Fragen Sie es im Anschluss, wie es sich jetzt im Augenblick fühlt.

Kooperationsspiele

Kooperationsspiele sind für die Entwicklung von Kindern sehr wichtig, denn in diesen Spielen lernen sie, sich auf einen Partner oder auf eine Gruppe einzustellen und flexibel und angemessen auf Situationen zu reagieren. Letztlich sind alle Familienmitglieder beim Spielen aufeinander angewiesen und wollen ein gemeinsames Ziel zu erreichen. Nur wenn alle an einem Strang ziehen, führt das Gelingen zu einem tollen Gemeinschaftserlebnis, das den Familienzusammenhalt stärkt.

„Gemeinsam sind wir stark!"

Für dieses Spiel werden ein Wiese, eine Terrasse oder ca. fünf Meter freie Raumfläche benötigt. An einem Ende der Fläche oder des Raumes stehen ein Korb oder ein Eimer.

Geben Sie Ihrem Kind einen Ball in die Hand und bitten Sie es, seine Augen zu schließen. Sie können im Gegensatz zu ihm zwar sehen, sich jedoch nur auf einem Bein hüpfend fortbewegen. Dabei halten Sie sich an den Schultern Ihres Kind fest (nicht abstützen). So stellen Sie sich mit Ihrem Kind am Anfang der zurückzulegenden Strecke auf und versuchen gemeinsam mit ihm, den Ball in dem Korb oder Eimer am Ende der Strecke abzulegen. Der Einbeinige führt dabei den Blinden durch Sprechen und durch Schieben. Ein Spiel, das sehr viel Spaß macht und die Beziehung zwischen Ihnen und Ihrem Kind stärkt. Rollenwechsel.

Variante: Sind Sie zu viert zu Hause oder suchen Sie noch ein Spiel für einen Kindergeburtstag, dann können sich, wenn genügend Platz vorhanden ist, zwei Paare gleichzeitig messen. Wie wäre es mit folgenden Spielepärchen: Eltern und das Geschwisterpaar, Papa und Sohn gegen Mama und Tochter und dann gemischt oder so ähnlich? Das Paar, das zuerst den Ball im Korb abgelegt hat, hat gewonnen.

„Das Spiegelbild“

Möchten Sie mit Ihrem Kind etwas Ausgleichendes, Entspannendes und trotzdem leicht Bewegtes spielen, so ist das folgende Spiel genau das Richtige. Suchen Sie mit Ihrem Kind eine ruhige Lieblingsmusik aus und hören Sie diese gemeinsam an.

Und so gehts: Machen Sie mit Ihrem Kind aus, wer „der Spiegel“ ist und wer vor dem Spiegel steht. Nehmen wir an, dass Ihr Kind der Spiegel sein möchte, dann macht es Ihnen alle Bewegungen nach. Dabei müssen Sie sich langsam bewegen, damit Ihr Kind auch wirklich die Chance hat, Sie zu imitieren. Nach einiger Zeit, z.B. wenn die Musik zu Ende ist, werden die Rollen getauscht.

Dieses Spiel ist ein Paarspiel und fördert auf spielerische und entspannende Weise die gesamte Wahrnehmung und das Sozialverhalten Ihres Kindes. Außerdem werden Sie und Ihr Kind richtig viel Spaß dabei haben.

Lied: „Du bist gut, so wie du bist!“ (CD/MC, Track 7)

Dieses Lied kann Ihrem Kind helfen, eine innere Stärke in schwierigen Situationen mit anderen Kindern zu entwickeln, da es sein Selbstwertgefühl und das Verständnis für Kinder, die anders sind oder Probleme haben, anspricht.

Die beschriebenen Kinder in diesem Lied sehen die Probleme ihrer Freunde und Spielkameraden, aber sie verurteilen es, wenn man andere wegen ihres Aussehens oder ihrer Eigenarten ärgert oder ausgrenzt. „Du bist gut, so wie du bist! Bau’n wir auch manchmal Mist!“ zeigt die Akzeptanz des anderen, die freundschaftliche Solidarität untereinander und das Wissen, dass jeder mal Fehler macht oder Probleme hat.

Singen Sie mit Ihrem Kind das Lied und sprechen Sie dann die einzelnen Strophen mit ihm durch. Jedes Kind kennt einen, der immer andere ärgert, einen, der immer alles kaputtmacht, eine, die nie spricht und nie mitspielt. Fragen Sie: „Ist dir das auch schon passiert? Kennst du jemanden, der so behandelt wird? Was kannst du dagegen tun?“

Bestärken Sie Ihr Kind darin, sich gegen ungerechtes Verhalten anderer Kinder gegen es selbst und gegen andere zu wehren, im Sinne von: „Andre zu ärgern, was soll das? Zusammen spielen macht mehr Spaß!“

Lied: „Du bist gut, so wie du bist!“

1. Ja, der Pele
ärgert immer Nele.
Denn sie trägt alles in pink,
aber ist ganz flitze-flink.
Selbst beim Spielen und beim Sport,
den pinken Blitz siehst du sofort!

Refrain:
Andre zu ärgern, was soll das?
Zusammen spielen, das macht Spaß!
Du bist doch gut so, wie du bist!
Bau'n wir auch manchmal ziemlich Mist.

Sprechgesang:
Die eine liebt pink,
die andere nur blau.
Die eine mag rot,
wohin ich auch schau.
Die eine kann dies,
die andere kann das.
Die eine hat Sommersprossen,
der andre 'ne blasse Nas.

2. Ja, der Ludwig
ist manchmal nervig.
Rast dann ständig rum und schreit,
stört andere die ganze Zeit.
Hört nicht auf, der sture Kopf.
Die Ohren sind wohl zugestopft?

Refrain:
Andre zu ärgern, was soll das?
Zusammen spielen macht mehr Spaß!
Du bist doch gut so, wie du bist!
Bau'n wir auch manchmal ziemlich Mist.

Sprechgesang:
Der eine liebt's laut,
der andre liebt's still.
Und dieser sagt uns dauernd,
was er spielen will!
Schüchtern ist der eine nur,
der andre dafür ganz schön stur!
Der eine prahlt, was er so kann,
und gibt auch ständig damit an.

3. Und die Steffi,
ja, die spricht nie.
Manche schubsen sie herum,
finden Steffi stumm und dumm.
Wir nehmen sie jetzt an die Hand,
dann steht sie nicht allein am Rand.

Refrain:
Andre zu ärgern, was soll das?
Zusammen spielen, das macht Spaß!
Du bist doch gut, so wie du bist!
Bau'n wir auch manchmal ziemlich Mist.

„Ich bin gut, so wie ich bin!"

„Mein zweites Ich"

In diesem Angebot lernt Ihr Kind, sich selbst in seinen verschiedenen Facetten zu beleuchten. Und zwar sein Äußeres, seine Kleidung, seine Hobbys, seine Lieblingsspielsachen, seine Lieblingsfarbe, seine Lieblingserlebnisse, seine Familie, seine Lieblingsbeschäftigung und seine Freunde. „Das bin ich!", kann Ihr Kind dann bewusst sagen, denn nur aus der Sicherheit des eigenen Selbst heraus kann man andere gelten lassen und tolerant sein.

Für dieses Spiel werden alte Tapeten, Fotos, Stifte, Schere, Kataloge und Kleber benötigt. Ihr Kind legt sich auf die Rückseite der Tapete und Sie oder ein Geschwisterkind malen nun seine Umrisse auf das Papier. Danach malt das Kind seine Umrisse nach Belieben selbst aus, schneidet seinem Papier-Double wichtige Dinge wie Spielsachen, einen Fußball oder Fußballschuhe aus Katalogen aus und klebt sie auf sein Selbstbild. Nach Bedarf kann es auch noch Fotos seiner Familie oder von schönen Erlebnissen wie Urlaub oder einem ganz besonderen Kindergeburtstag darauf kleben.

Anschließend wird das Umrissbild beispielsweise an eine Schranktür des Kinderzimmers geklebt. So kann es im Laufe der Zeit noch ergänzt werden.

„Fantasiegestalten"

Sicherlich haben Sie zu Hause eine Kiste mit alten Klamotten, mit denen sich Ihr Kind gerne verkleidet. Bei diesem Spiel lernen die Kinder, sich fantasievoll in einen anderen Menschen hineinzuversetzen, indem sie sich kreativ verkleiden und überlegen, welche Eigenschaften sie dann als „neuer" Mensch haben werden. Dieses Spiel unterstützt die sich entwickelnde Fähigkeit, sich in die Situation anderer hineinzudenken und eignet sich hervorragend für einen Kindergeburtstag.

In der Verkleidungskiste befinden sich Faschingskostüme, alte, aber interessante Kleider und Schuhe. Wichtig sind auch Utensilien wie Brillen, anklebbare Bärte, Tücher und Gürtel. Alternativ kann man den Kindern auch eine Brille oder Falten ins Gesicht malen. Alle verkleiden sich und überlegen sich dabei Folgendes:

- Wen will ich darstellen? Einen Räuber, einen Akrobat ...
- Woher komme ich dann? Aus welchem Land, aus welcher Zeit etc., aus Amerika, aus Afrika ...?
- Wie heiße ich? Z.B. Scheich Schönauge, Bella Ballerina ...
- Was kann ich besonders gut? Z.B. auf einem Löwen reiten, auf einem Stuhl stehen oder Handstand machen und singen ...
- Was esse ich besonders gern? Z.B. Ameisensalat mit Brennnesseln ...
- Wie alt bin ich?

Dann stellt sich jeder vor und zeigt, was er Besonderes kann.

Dies macht besonders viel Spaß, weil die Ideen oft beim Spielen kommen. Falls Ihr Kind wenig Ideen hat, fragen Sie es auf unterstützende Weise. Zum Beispiel: Welches ist dein Lieblingsland, wer ist dein Lieblingsheld, wie lautet dein Lieblingsname, welches ist dein Lieblingstier, was kannst du mit diesem Tier in deiner Fantasie machen usw. Je ausgefallener, desto besser!

7 Lügen, schwindeln, flunkern – ist das normal?

Was Sie wissen sollten

Verwundert hört die Mutter Stimmen aus dem Kinderzimmer. Es hört sich an, als ob mehrere Kinder miteinander spielten. Aber es ist kein anderes Kind zu Besuch. „Seltsam!“, denkt sie und öffnet gespannt die Zimmertür. Sie sieht ihre vierjährige Tochter total vertieft inmitten einer selbst gebauten Landschaft aus Tüchern, Klötzen, Lego und Naturmaterialien sitzen. Die Tochter bemerkt die Mutter und ruft begeistert: „Mama, in meiner Stadt haben alle Puppen und Kuscheltiere ihr eigenes Haus. Schau, hier wohnt Brumm, der Bär, und hier die Barbie ... Alle spielen miteinander, und manchmal gibt es auch Streit“, plappert sie weiter.

Kinder sind Grenzgänger zwischen Realität und Fantasie

Mit der Entwicklung des Ich-Bewusstseins ab dem Alter von zwei Jahren durchleben Kinder eine Phase, die vor der Entwicklung des abstrakten Denkvermögens steht, nämlich die des magischen Denkvermögens. Es ist ein wunderbares Alter, in dem Kinder an den Nikolaus, an das Christkind, an den Osterhasen und an den Weihnachtsmann glauben. In dieser Phase kann ein Holzlöffel mal ein Schiff und dann plötzlich ein Hammer sein. Mit entsprechenden stimmlichen Begleitgeräuschen wird dies meist noch weiter veranschaulicht. Diese Fähigkeit des magisch-fantasievollen Denkens ist übrigens die Grundlage jeder künstlerischen Betätigung. Denn nur wenn wir Sinneseindrücke auf eine andere, eine kreativ-fantasievolle Ebene übertragen können, entsteht ein künstlerischer Ausdruck in Bewegung, Sprache, Musik und kreativem Gestalten.

Die magische Phase ist für die Entwicklung eines Kindes von großer Bedeutung. Je mehr Ihr Kind aus seinen eigenen Ideen und seinem schon vorhandenen Sprach- und Wissensschatz schöpft und in neue Spielideen umsetzt, desto besser kann es vernetztes Denken und seine Intelligenz entwickeln. Durch das magische Denken kann Ihr Kind imaginäre Handlungen aufbauen, in die es emotional eintaucht. Dabei lernt es neue, wenn auch imaginäre Situationen emotional mit entsprechenden Handlungen zu verarbeiten und zu verknüpfen. Mein Credo:

Lassen Sie Ihr Kind in seine fantasievolle Welt eintauchen und besuchen Sie es dort. Sie bekommen dadurch einen anderen Zugang zu Ihrem Kind und erfahren vielleicht mehr über seine augenblickliche Situation. Mit dem Eintritt in das Schulalter verschwindet die magische Phase, und während der Grundschulzeit verblassen die Gefährten aus der Welt der Fantasie und verschwinden schließlich.

Lillis Mama hat zur Zeit viel Stress und wenig Zeit. Da hat Lilli plötzlich eine große Freundin, die mit ihr Eis essen geht und vieles gemeinsam mit ihr unternimmt. Lilli erzählt alles bis ins kleinste Detail und spricht auch mit der imaginären Freundin zu allen Gelegenheiten. Auch wenn es der Mutter einen kleinen Stich ins Herz versetzt, ist es gut, wenn sie auf die Fantasiegeschichten ihres Kindes eingeht und sich zum Beispiel nach dem Befinden der großen Freundin erkundigt, die Lilli anscheinend alles das gibt, wofür die Mutter im Moment keine Zeit hat.

Jeder hat ein Recht auf einen Freund „Harvey“

Wer kennt nicht den 1950 gedrehten Film mit James Stewart in der Hauptrolle, der als erwachsener Mann einen zwei Meter großen, für alle anderen unsichtbaren Hasen namens Harvey als Freund hatte? Was man bei einem Erwachsenen für verrückt erklärt, ist bei Kindern völlig normal! Psychologische Untersuchungen haben sogar ergeben, dass besonders bei Kindern, die im Alter zwischen drei und vier Jahren über einen imaginären Freund verfügen, alles zum Besten steht. Diese Kinder sind sozial kompetenter, weniger aggressiv, können sich besser konzentrieren, haben seltener Langeweile und verbringen wesentlich weniger Zeit mit Fernsehen als ihre Altersgenossen ohne einen solchen Freund. Zudem sind diese Kinder überdurchschnittlich intelligent. Sie sind in der Lage, sich mit Hilfe ihrer Fantasie eine eigene Welt zu schaffen, mit der sie viele Emotionen wie Frustrationserlebnisse, Ängste, Herzenswünsche und Kritik besser verarbeiten können. Durch die Fantasiefiguren setzen sich Kinder mit ihren eigenen unterdrückten Wünschen und mit Einschränkungen durch die Erwachsenen auseinander. Weil das fiktive Spiel zunächst einfacher ist, üben sie das Für und Wider solcher Wünsche gewissermaßen mit verteilten Rollen. Sie schieben die unerfüllten Wünsche, die Verstöße gegen Verbote den Gefährten in ihrer Fantasie zu. Mal identifizieren sich Kinder mit den erdachten Figuren, dann spielen sie die Eltern, die dem Kind Grenzen setzen müssen, die es vielleicht nicht einsieht. Die Perspektiven werden gewechselt, ein wichtiger Schritt für die Entwicklung der emotionalen Intelligenz, die auf dem Einfühlungsvermögen basiert.

Lukas hat einen neuen Freund, und zwar das „Monstergespenst“. Das macht jedem furchtbar Angst, nur ihm nicht, denn das Monstergespenst hört ganz genau auf das, was er ihm sagt. Wenn er auf dem Spielplatz spielt, ist sein Freund das Monstergespenst auch mit dabei. „Bleib schön auf der Bank sitzen!", weist Lukas ihn an. „Und mach niemandem Angst!". Als Lukas Ärger mit einem älteren Jungen hat, ruft er: „Ich hol' gleich meinen Freund, der ist riesig und ganz stark und verhaut dich!"

Nicht umsonst sind die Bilderbuchfiguren von „Pippi Langstrumpf", „Karlson vom Dach" oder „Der kleine Vampir" so beliebt, weil sie den Kindern eine Identifikationsebene bieten. Die Helden durchleben anstelle der Kinder Abenteuer, Ängste und Freude, und die Kinder lieben es, sich in die verschiedenen Figuren der Handlung hineinzuversetzen.

Gefahr durch Medien

Eltern sollten sich immer vor Augen führen, dass Kinder in diesem Alter Realität, Träume und Fantasiegeschichten nicht wirklich auseinander halten können. Die Grenzen sind fließend. Deshalb ist es besonders wichtig, das Fernsehen zu begrenzen und die Sendungen bewusst auszuwählen. Ich habe immer einige Kinder in meinem Unterricht, die Realität und Fantasie durcheinander bringen. Das manifestiert sich darin, dass sie andere Kinder wie in Zeichentrickfilmen behandeln. Sie rennen sie um, boxen sie ohne Grund in den Bauch, stellen gerne Stolperbeine und sprechen fast genauso wie die Figuren im Fernsehen. Gleichzeitig wollen sie selbst stark und unverletzbar sein und bringen oftmals martialisch aussehende Plastikhelden mit. Natürlich ist es ein ganz normales Bedürfnis, vor allem für Jungen, eine gewisse Stärke zu präsentieren. Trotz manchem Unverständnis der Mütter ist es wichtig für ihr Selbstbewusstsein. Aber es darf dabei nicht zu ausufernden Konflikten mit anderen Kindern kommen.

Wenn die Fantasie mit Ihrem Kind durchgeht

Für Drei- bis Sechsjährige ist es charakteristisch, das sie sich z.B. mit ihren Lieblingsschmusetieren unterhalten. Aus der rationalen Sicht der Erwachsenen macht sich das Kind etwas vor, es belügt sich quasi selbst. Aber ist es dann eine Lüge, wenn ein Kind behauptet, dass es der kleine Plüschhund war, der dem Bruder das Spielzeug weggenommen hat, und nicht das Kind selbst? Wäre dann nicht im übertragenden Sinn das Verhältnis zur Lieblingspuppe ebenso eine „Lüge", weil das Kind nur mit ihr einschlafen kann?

In beiden Fällen ist es günstig für die Entwicklung Ihres Kinds, wenn Sie als Eltern diese Bewusstseinebene nicht abtun, sondern sogar darauf eingehen. Wenn Sie beispielsweise mit dem Plüschhund sprechen, den Ihr Kind im Arm hält: „Du kannst doch einfach nicht dem XYZ das Spielzeug wegnehmen! Du findest es doch auch nicht gut, wenn dir jemand deinen Lieblingsknochen klaut – oder?" Da das Kind den Hund spielt, können Eltern es sozusagen auf dieser magischen Ebene erreichen, und dazu macht es auch noch Spaß.

Sehen Sie Ihrem Kind solche Situationen nach. Nehmen Sie es mit Gelassenheit, auch wenn Sie in Ihrer Erziehung großen Wert auf gegenseitiges Vertrauen legen. Erst um das siebte Lebensjahr herum sollten Sie solche Schwindeleien auf die Waagschale legen, da Ihr Kind ab diesem Alter beginnt, Fantasiewelt und Realität auseinanderhalten zu können und, wenn es ab diesem Zeitpunkt nicht die Wahrheit sagt, bewusst lügt. In diesem Alter entwickelt es auch langsam ein eigenständiges moralisches Bewusstsein.

Ist Lüge gleich Lüge?

Für uns Erwachsene hat Lügen mit einem Vertrauensbruch zu tun, wobei wir eigentlich selbst ziemlich oft in die Trickkiste der Notlüge greifen. Erwischen wir ein Kind beim Lügen, wird es oftmals einer Befragung unterzogen, die in manchen Familien eher einem Verhör gleicht. Es ist dann eigentlich kein Wunder, dass Kinder aus Angst noch mehr lügen und vor allem immer raffinierter dabei vorgehen. Wie erwähnt, beginnen sich die Kinder erst mit der Schulreife einen eigenen Begriff von Ehrlichkeit zu machen und von den Konsequenzen, die aus einer Lüge resultieren. Jüngere Kinder dürfen unter keinen Umständen wegen fantasievoller Schwindelei bestraft werden. Eltern greifen sonst in einen normalen Entwicklungsprozess ein, was sich für ein Kind sehr ungünstig auswirken kann. Dies kann später zu neurotischen Erkrankungen führen, z.B. zu Zwangshandlungen, Phobien und Panikattacken.

Lügen haben verschiedene Gründe. Die „Selbstschutzlüge“ schützt das Kind bei einer Ungeschicklichkeit vor Strafe und Blamage. Begierdelügen, zum Beispiel zum Vertuschen von Naschhaftigkeit oder Lügen, durch die die Nichterfüllung häuslicher Pflichten oder elterlicher Befehle geleugnet oder zumindest gerechtfertigt werden soll, sind ebenfalls Alltag in der Kindererziehung.

Jedoch entwickelt sich die Fähigkeit, sich durch Lügen vor unangenehmen Situationen zu schützen, erst im Laufe des Grundschulalters. Denn eines ist klar, die Erwachsenen sind die „Lügen-Meister“! Jeder Erwachsene lügt im strengen Sinne viele Male am Tag. Zum einen aus Taktgefühl, zum anderen auch aus Bequemlichkeit. Es ist natürlich in der Erziehung absolut kontraproduktiv, wenn sich Eltern von ihrem Kind am Telefon verleugnen lassen. Dann brauchen sie sich nicht zu wundern, wenn es ihnen mit dem Kind genauso geht und es ihr Kind mit der Wahrheit auch nicht so genau nimmt.

Erst zehnjährige Kinder sind in der Lage, eine Notlüge auch in ihrer etwaigen Notwendigkeit zu begreifen und entsprechend einzuordnen. Vorher tragen die Lügen von Erwachsenen zu einer sehr starken Verunsicherung in der Werteerziehung der Kinder bei.

Eltern müssen verlässlich sein, damit die Kinder ihnen vertrauen können. Wenn Erwachsene etwas versprechen und es dann nicht halten, wirkt sich dies negativ auf das Vertrauensverhältnis zwischen Kind und Erwachsenem aus. Es ist wichtig, dass Ihr Kind erlebt, dass es sich auf Dinge, die ein anderer sagt, verlassen kann; auch lange bevor es selbst in der Lage ist, Versprechen zu geben und diese dann zu halten. Besonders fatal ist es, wenn Eltern ihr Kind anlügen, um sich selbst eine bestimmte unangenehme Reaktion zu ersparen. So um Beispiel, wenn das Kind zur Oma gebracht und ihm versprochen wird, dass es abends wieder abgeholt wird, die Eltern dann aber über Nacht wegbleiben. Das hat zwar den Eltern – kurzfristig gedacht – das Theater der Trennung erspart, aber das Vertrauen des Kindes in seine Eltern ist nachhaltig erschüttert. Beim nächsten Mal wird es von vornherein eine riesige Verabschiedungsszene geben. Vielleicht erinnern Sie sich auch noch an eine Enttäuschung, die sie als Kind erlebt haben, weil ein Versprechen nicht eingehalten wurde oder Sie durch eine Lüge getäuscht wurden? Zum Beispiel sagten vielleicht die Mutter oder der Arzt, dass die Spritze nicht wehtut, was aber dann nicht zutraf. Ihr Vertrauen gegenüber Ärzten dürfte dann nachhaltig gelitten haben.

Manchmal kann ein Versprechen aus bestimmten Gründen wie Zeitmangel etc. nicht eingehalten werden. Dann sprechen Sie mit Ihrem Kind und erklären Sie es ihm. Es spürt, dass Sie es ernst meinen, und wird es akzeptieren. Wenn Sie allerdings aus dem Bedürfnis der Ruhe öfter mal „Ja, ja, machen wir morgen ...“ von sich geben und es passiert dann nichts, wird sich Ihr Kind ebenfalls nicht mehr an gegebene Versprechen halten. Es ist wichtig, wahrhaftig mit den Gefühlen von Kindern umzugehen, sie nicht kleinzureden: „Ach, das macht ja nichts!“,

oder alles zu loben, was das Kind macht, obwohl vieles nicht unbedingt lobenswert ist. Das Kind spürt die Unehrlichkeit in den Worten und wird eventuell mit extremen Verhaltensweisen (Rückzug oder Ausbruch) reagieren, um endlich eine authentische Reaktion von den Eltern zu erhalten.

Es gehört in unserer Gesellschaft einfach dazu, aus Gründen der Höflichkeit und auch der Bequemlichkeit zu lügen. Jedes Kind und jeder Heranwachsende muss lernen, damit umzugehen. Das richtige Maß ist jedoch wichtig. Dabei müssen sich Eltern auch mal überwinden und sich bei ihren Kindern entschuldigen. Zum Beispiel bei einem nicht eingehaltenen Versprechen.

Warum lügt mein Kind?

Bei Kindern unter sieben Jahren ist das Lügen eine Flunkerei, die trotzdem bei Vorschulkindern schon angesprochen werden muss. Sie lügen, weil sie Angst vor Unannehmlichkeiten haben, aber auch um einen Freund zu schützen. Das einzige Mittel, um zu erreichen, dass ein Kind nicht lügt, ist, dass man ihm Vertrauen entgegenbringt. Immer wieder, auch wenn es verdammt schwer fällt, falls man schon öfter enttäuscht wurde. Doch nur so kann ein Kind Vertrauen in die eigenen Wertvorstellungen bilden oder zurückgewinnen. Dies gilt bis in die Sekundarstufe 1 hinein. Bei pubertären Lügen gilt es, kühlen Kopf zu bewahren und auch zum Selbstschutz ganz klare Grenzen zu ziehen. Will ein Kind zu einem Vorfall partout nichts sagen, weil es dann z.B. aus Loyalitätsgründen lügen müsste, gestehen Sie es ihm zu. Es beweist damit, dass es nicht lügen möchte, und das sollten die Erwachsenen respektieren. Außerdem kommt es unter Zwang schwerlich zu einer konstruktiven Klärung des Problems.

Kann ein Kind angstfrei gestehen, dass es z.B. etwas Wichtiges verloren hat, wachsen seine Kraft und sein Mut, zu sich selbst zu stehen, und damit natürlich auch der Mut, etwas zugeben zu können. Denn niemand ist perfekt, und es ist absolut irrational, diesen Anspruch der Fehlerlosigkeit in der Erziehung von Kindern in irgendeiner Form zur Prämisse zu machen. Einen Großteil unserer Fähigkeiten haben wir durch das Lernen aus Fehlern erworben.

Zu starre Regeln, die nicht mehr verhandelbar sind, „zwingen" die Kinder geradezu, sie zu durchbrechen. Wagt ein Kind, das in einem autoritären Erziehungsstil erzogen wird, schon überhaupt nicht zu fragen, ob es zum Beispiel alleine von seinem Freund nach Hause gehen darf, wird es sich dann irgendwann über dieses Verbot hinwegsetzen und sich ohne zu fragen auf den Weg machen. Kinder wollen sich entwickeln, und eine sehr wichtige Erziehungsaufgabe der Eltern ist, permanent die Regeln und Grenzen für ihre Kinder neu zu überdenken, damit diese sich einerseits frei entfallen können, aber auf der anderen Seite lernen, Grenzen und Absprachen zu akzeptieren. Verbote müssen flexibel gehandhabt werden und sich an die Entwicklung des Kindes anpassen. Das bedeutet, dass Eltern ihre gesteckten Rahmenbedingungen immer wieder überprüfen müssen. Natürlich ist das anstrengend, aber eigentlich wird dies von den Eltern automatisch gemacht, weil das Kind durch sein Handeln ständig eine Reaktion einfordert. Gelingt dieser Spagat, dann werden Kinder zu starken und freien Persönlichkeiten, die trotzdem in der Lage sind, sich Rahmenbedingungen unterzuordnen. Ebenfalls ist zu beachten, dass sich manche Verbote und Grenzziehungen nicht auf jedes Kind übertragen lassen, denn sie sind vom jeweiligen Charakter und Temperament der Kinder abhängig. Kinder lügen und verstellen sich auch, um den Ansprüchen der Umwelt gerecht zu werden. Diese Eigenschaft ist uns jedoch allen angeboren. Wir wollen anderen gefallen, gelobt und geliebt werden und richten aus diesem Grund in der Regel unsere Handlungen danach aus, auch die Erwachsenen. Muss sich ein Kind jedoch „verbiegen", um ein bisschen Liebe zu erhalten, so wird sich dies später auf sein Selbstwertgefühl und seine Orientierungsfähigkeit im Leben auswirken. Viele Menschen, die nicht „Nein!" sagen können, fallen ebenfalls unter diese Kategorie. Sie wollten und mussten immer „lieb Kind" sein, sich immer anpassen, um in ihrer Familie akzeptiert und geliebt zu werden.

Besonders sensibel sind Lügen zu behandeln, die ein Kind in seiner Naivität und Angst macht, weil ihm ein meist älteres Kind oder ein Erwachsener sagt, dass sonst etwas Schreckliches passieren wird. Dies sind meist Fälle von Erpressung, Mobbing oder von sexuellem Missbrauch.

Was tun, wenn mein Kind lügt?

Bekommen Sie keine Panik, wenn Sie Ihr Kind beim Lügen erwischen, denn dadurch manifestiert sich nicht ein vermeintlich „schlechter" Charakter Ihres Kindes. Eine genetische Veranlagung zum Lügen gibt es nicht, jedoch eine aus der Entwicklung begründete und/oder aus den jeweiligen Situationen heraus geborene.

Ab dem Vorschulalter ist es wichtig, über die Nachteile (Misstrauen, Unzuverlässigkeit, Angst) von Lügen und die Vorteile von Ehrlichkeit (Vertrauen, Verlässlichkeit) zu sprechen. Denn eines ist sicher, jedes Kind wird einige Male ausprobieren, bewusst zu lügen. Bleiben Sie gelassen, denn jede Kinderlüge ist eine Gelegenheit, um den Unterschied zwischen lügen, schwindeln und flunkern zu üben, mehr nicht! Außerdem muss Ihnen bewusst sein, dass die Wahrheit zu sagen eine moralische Haltung ist, die erst entstehen kann, wenn ein Kind die Vorteile dieser Wahrhaftigkeit wie Zuverlässigkeit und Vertrauen an der eigenen Person eindringlich genug erlebt hat. Diese Fähigkeit entwickelt sich im Laufe der Grundschulzeit. Vor der Grundschulzeit sind Lügen eher Schwindeleien und Flunkereien. Doch diese lebhafte Fantasie ist ein zu kostbares Gut und birgt zu viel kreatives Potenzial für die weitere Entwicklung des Kindes, als dass wir sie aus Angst um die Wahrhaftigkeit einengen sollten.

So reagieren Sie richtig:

- Vermitteln Sie Ihrem Kind die Sicherheit, dass Sie auch in kritischen Situationen, z.B. wenn es eine Scheibe mit dem Fußball zerschlagen hat, zu ihm halten.
- Ein Kind, das beim Lügen erwischt wurde, hat mit der Situation an sich selbst genug zu kämpfen. Mit Druck erreicht man keine gemeinsame Lösung. Ruhiges Ansprechen der Lage ist die beste „Medizin". Geben Sie Ihrem Kind Zeit, den „Vorfall" von sich aus aufzuklären.
- Hat das Kind etwas angestellt, muss es auch eine Konsequenz zu spüren bekommen, z.B. eine entsprechende Strafe. Trotzdem sollten Sie Ihr Kind loben, dass es die Wahrheit gesagt hat. („Ich finde es gut, dass du zugegeben hast, alle Schokoküsse gegessen zu haben. Aber zur Strafe bekommst du die ganze Woche nichts Süßes und musst jeden Tag den Müll nach draußen bringen.")
- Kann Ihr Kind nie zugeben, der Schuldige zu sein, überlegen Sie in einem ruhigen Gespräch mit dem Kind gemeinsam, wie es mit dem Lügen aufhören kann.

Wie Ihr Kind spielerisch mit dem Lügen, dem Flunkern und der Wahrheit umzugehen lernt

Mit den folgenden Aktionen werden Ihnen Spiele vorgestellt, in denen mit Absicht geflunkert werden darf. Alle Mitspielenden verstellen sich und es wird geraten, was davon wahr ist oder nicht. Schön und wichtig ist es, dass im Kreise der Familie auf Schwindeln und Flunkern in diesen Spielen immer mit viel Humor reagiert wird. Das „Das Flicker-Flacker-Flunkerlied“ schildert sehr anschaulich die verschiedenen Stufen von Schwindeln, Flunkern und Lügen aus der Sicht des Kindes. Reden Sie, nachdem Sie mit Ihrem Kind zusammen das Lied angehört haben, über die einzelnen Situationen, die darin angesprochen werden. Die anschließenden Spielaktionen haben für Kinder einen großen Reiz, weil eine kleine Schwindelei die ganzen Spielsituationen schlagartig verändern kann und das Ganze auch noch viel Spaß macht. Hier kann Ihr Kind im vertrauten Kreis der Familie auf spielerische Weise lernen, mit seinen Flunkereien umzugehen. Beobachten Sie Ihr Kind, wie es sich im Laufe der Zeit verändert und ein besseres Gefühl in seiner Wahrnehmung von Lügen, Schwindeln und Flunkern bekommt. Denn diese Spiele helfen Ihrem Kind, sich in dieser Beziehung zu orientieren.

Lied: „Das Flicker-Flacker-Flunkerlied“ (CD/MC, Track 9)

Dieses Lied schildert alle Facetten zum Thema Schwindeln, Flunkern, Lügen, und zwar in Situationen, die jedes Kind schon erlebt hat. Es lässt sich sehr gut als spielerische Gesprächsgrundlage bei einer aktuellen Situation, in der das Kind gelogen hat, anwenden. Bei diesem sensiblen Thema müssen Sie immer beachten, dass Ihr Kind erst lernen muss, Schwindeln, Flunkern und Lügen auseinander zu halten. Außerdem erfährt es durch die Reaktionen seiner Umwelt, dass Lügen unangenehme Folgen haben kann. Für Kinder im Alter bis fünf Jahren dürfen Sie daher dieses Thema nur auf eine verständnisvolle und spielerische Weise ansprechen. Ist Ihr Kind schon Vorschulkind, können Sie ihm mit Hilfe dieses Liedes die Vor- und Nachteile des Schwindelns, Lügens und Flunkerns in einem Gespräch näher bringen.

Singen Sie mit Ihrem Kind das Lied und geben Sie ihm das Gefühl, dass diese Situationen einfach zum Leben dazugehören und dass alle Kinder solche Dinge irgendwann einmal erleben. Schildern Sie ihm auch eine Situation, in der Sie als Kind einmal gelogen haben, warum Sie es gemacht haben, wie Sie sich gefühlt haben und welche Konsequenzen es deswegen gab.

„Das Flicker-Flacker-Flunkerlied"

1. Meine Mama ist immer für mich da.
Ich kenn sie schon seit über hundert Jahr!
Schummle gern, so oft ich kann,
Mama sieht mir's immer an!
Hab ich Süßkram wegstibitzt,
merkt sie's gleich, das ist verflixt!
Geht´s dir ebenso?
Mama merkt jeden Floh?

Refrain:
II: Flunkern, das mach ich –
denn das ist ganz normal!
Lügen, das lass ich,
denn das ist eine Qual! :II

2. Hexe Trixi ist immer für mich da.
Ich kenn sie schon seit über hundert Jahr!
Sie kann zaubern, was sie will,
alles steht auf einmal still!
Ärgerst du mich, macht's: „Hex – hex!
Hokus-pokus und verstex!"
Glaubst du mir denn nicht,
dass Hexe Trixi spricht?

Refrain:
II: Flunkern, das mach ich –
denn das ist ganz normal!
Lügen, das lass ich,
denn das ist eine Qual! :II

3. Mein Freund Emil ist immer für mich da.
Ich kenn ihn schon seit über hundert Jahr!
Hab ihm was kaputtgemacht
und nicht mehr daran gedacht.
Fragt er mich: „Warst du das nicht?"
Und da log ich jämmerlich!
Kennst du das denn auch –
es grummelt dann im Bauch?

Refrain:
II: Flunkern, das mach ich –
denn das ist ganz normal!
Lügen, das lass ich,
denn das ist eine Qual! :II

Wann darf ich flunkern, wann lüge ich?

Setzen Sie sich gemütlich mit Ihrem Kind hin und lesen Sie ihm die folgenden verschiedenen Situationen einzeln vor. Ihr Kind soll sich zu jeder Situation überlegen, ob es richtig ist, hier zu flunkern oder zu lügen. Sprechen Sie auf behutsame Weise die verschiedenen Situationen an. Für Kinder ist es selbst noch im Grundschulalter schwierig, diese Situationen richtig einzuschätzen. Durch das Sprechen darüber geben Sie Ihrem Kind eine wichtige Orientierung, auch wenn es zum Beispiel erst vier Jahre alt ist.
Hier die Beispielsituationen:

- „Zu Weihnachten basteln alle Geschwister zusammen für die Großeltern einen Kalender. Er soll eine Überraschung sein. Sprichst du darüber vorher mit den Großeltern?"
- „Dir fällt aus Versehen Mamas Lieblingsvase herunter. Dein Bruder/deine Schwester kommt und sagt, dass er/sie den Eltern nichts verrät, wenn er/sie jeden Tag deine Süßigkeiten bekommt. Was machst du, gehst du zur Mama und erzählst ihr von deinem Missgeschick?"
- „Beim Spielen macht dein Freund in die Hose. Du leihst ihm von deinen Klamotten. Er bittet dich, deiner Mama und den anderen Kinder nichts davon zu sagen. Wem würdest du das erzählen?"

  Vielleicht fallen Ihnen noch weitere Situationen aus dem aktuellen Familienleben ein, die Sie in eine Frage wie oben beschrieben „verpacken" können.
- Die folgende sehr sensible Frage können Sie, falls Sie es möchten und falls Sie der Meinung sind, dass sie eventuell notwendig sein könnte, ebenfalls an Ihr Kind richten:

  „Ein Freund von Papa streichelt dich immer und küsst dich, obwohl du es nicht möchtest. Er sagt, du darfst nichts verraten, weil sonst etwas passiert. Erzählst du Mama und Papa trotzdem davon?"

Flunkerspiele

Die folgenden Spiele eignen sich als Familienspiele – an verregneten Nachmittagen genauso gut wie auf einer Wiese an einem Kindergeburtstag. Kinder lieben diese Spielformen, weil es bei diesen Spielen letztlich nicht darum geht, wer gewinnt oder wer der Stärkste ist, sondern, wer am geschicktesten die anderen an der Nase herumführen kann. Das macht Spaß und alle haben viel zu Lachen!

„Dieb der Kuscheltiere"

Dieses Spiel kann mit der ganzen Familie oder mit einer Kindergruppe gespielt werden. Jedes Kind hat sein Lieblingskuscheltier vor sich sitzen. Die Erwachsenen suchen sich ebenfalls einen entsprechenden Gegenstand, z.B. den Lieblingshut, die Lieblingstasche oder leihen sich ein Kuscheltier aus und stellen es vor sich hin. Dann schließen alle die Augen, außer einem vorher bestimmten Mitspieler. Dieser schleicht nun leise auf „Diebestour" und versucht die „Lieblinge" dem Besitzer wegzustibitzen. Wird er allerdings vom betreffenden Mitspieler dabei gehört, hebt dieser rasch die Hand und der Dieb der Kuscheltiere sucht sich ein neues Opfer. Merkt es ein Mitspieler nicht, so ruft der „Dieb": „Aufgewacht und mitgemacht!" Dieses Kind ist nun der neue „Dieb der Kuscheltiere".

Tipp: Kleine Kinder haben oft Schwierigkeiten, die Augen zuzulassen. Wenn es Ihr Kind möchte, verbinden Sie ihm die Augen.

„Das Zaunspiel"

Dieses Spiel können Sie mit Ihrem Kind allein oder auch mit einer beliebigen Anzahl von Mitspielenden durchführen.

Spielen Sie mit Ihrem Kind allein, dann beginnen Sie und spielen den „Zaun". Stellen Sie sich dabei möglichst breitbeinig auf, damit Ihr Kind genügend Platz hat, zwischen Ihren Beinen hindurchzukriechen. Dann schließen Sie die Augen. Ihr Kind steht vor Ihnen und krabbelt jetzt möglichst leise und ohne Sie zu berühren durch die „Zaunpfähle" (Ihre Beine) hindurch oder schleicht um Sie herum. Ist es hinter Ihnen angekommen, ruft es: „Angekommen!" Sie öffnen die Augen und schildern Ihren Eindruck, ob Ihr Kind durch Ihre Beine gekrabbelt oder um Sie herumgelaufen ist. Welche Freude, wenn Papa falsch geraten hat!

Magischer „Mut-tut-gut-Gegenstand"!

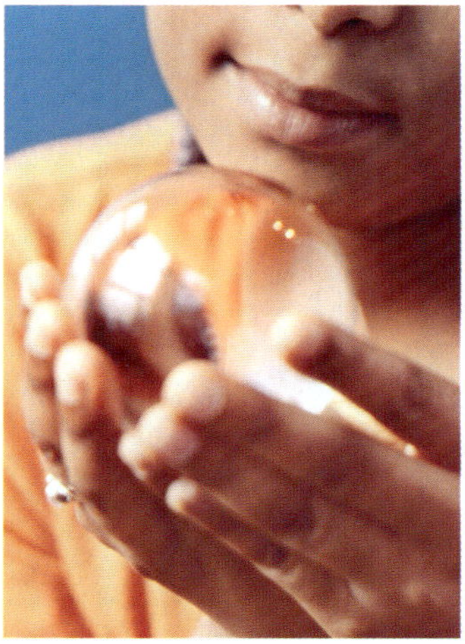

Kinder sind noch bis ins Grundschulalter hinein in der magischen Phase und übertragen ihre Wünsche und Hoffnungen auf den im Folgenden beschriebenen Mut-tut-gut-Gegenstand. Sehen Sie es unter dem Gesichtspunkt „Placebo-Effekt". Er schadet nichts, kann nur helfen.

Basteln Sie mit Ihrem Kind eine „Mut-tut-gut-Halskette", einen „Mut-tut-gut-Gürtel" oder suchen Sie mit Ihrem Kind nach einem „Mut-tut-gut-Stein". Diesen Gegenstand trägt das Kind bei sich, wann immer es möchte, um sich damit Mut zu machen; beispielsweise um trotz Angst die Wahrheit zu sagen oder wenn es ihm aus unbekannten Gründen nicht gut geht und es sich nicht traut, das zu sagen. Selbst kleine Kinder „fressen" schon Probleme in sich hinein!

8 Langeweile und Spieltrieb – zwei Seiten einer Medaille

Was Sie wissen sollten

„Mir ist sooo langweilig!“ – Welches Kind erlebt nicht diese Momente, die sich wie Kaugummi ziehen und endlos erscheinen? Da ist sie wieder, die „lange Weile“, im Gegensatz zum leidenschaftlichen Spieltrieb, zur Neugier, zur schöpferischen Fantasie. Als „Windstille der Seele" bezeichnete der Philosoph Friedrich Nietzsche die Langeweile. Aber normalerweise geht sie, wie sie gekommen ist. Und hilft, wieder Kraft und Fantasie für Neues zu schöpfen.

Langeweile – wo kommst du nur her?

Langeweile gehört zu jedem (Kinder-)Leben: Wenn gerade ein spannendes Spiel zu Ende geht, wenn die beste Freundin nach Hause muss oder das Kind vor lauter Spielzeug das Spiel nicht sieht. Aber normalerweise verschwindet sie wieder, löst sich einfach in Luft auf.

Für Kinder ist Langeweile unangenehm, sie leiden regelrecht darunter. Manche Kinder werden im Alter von drei bis fünf Jahren bisweilen sogar aggressiv, wenn es ihnen langweilig ist. Andere wiederum versinken nahezu staunend in diesen seltsamen Zustand der Untätigkeit und wundern sich über sich selbst und über die veränderte Wahrnehmung ihrer Umwelt.

Kinder bis zum Alter von etwa sechs Jahren können dieses Gefühl nicht auf einer bewussten Ebene reflektieren. Hier hilft es, dem Kind nach Möglichkeit ein neues Betätigungsfeld anzubieten. Doch manchmal, beispielsweise auf einer langen Autofahrt, ist das nur begrenzt machbar, und alle Eltern kennen die Dramen, die sich dann im Auto abspielen. Mit Eintritt der Schulreife wird die Langeweile bewusster wahrgenommen. Die Kinder fühlen sich jedoch diesem Gefühl regelrecht ausgeliefert. Trotzdem sollten Eltern ihrem Kind in diesem Alter nicht immer Ersatzangebote anbieten. Kinder müssen lernen, dieses Gefühl auszuhalten – und sie werden dann Erstaunliches entdecken: Plötzlich werden sie von der „Muse“ geküsst, sie haben eine Vielzahl von Ideen! Das Tolle daran ist, dass die Idee aus dem Kind selbst kommt und nicht von außen angeboten wird.

Dieser Prozess, etwas Unangenehmes auszuhalten und daraus das Beste für sich persönlich zu schöpfen und sogar kreativ zu werden, ist für die Entwicklung der Eigenständigkeit und des Selbstbewusstseins besonders wichtig. Er ist die Grundlage einer Persönlichkeitsentwicklung, die das Kind in die Lage versetzen wird, Frustrationen zu überstehen.

Was tun, wenn die Langeweile nicht aufhört?

In manchen Fällen jedoch kann Langeweile auch ernsthafte Ursachen haben, wenn beispielsweise ein Kind überfordert ist, wenn es Ängste hat, wenn sich also auf seine Seele ein Schatten gelegt hat, der die Lebensfreude blockiert.

Wenn Sie also beobachten, dass Ihr Kind über mehrere Tage von Langeweile geradezu gelähmt ist, muss der Ursache für diesen Zustand nachgegangen werden. Ihr Kind ist offensichtlich mit einem Problem innerlich so beschäftigt und nach außen hin so gehemmt, dass es nicht mehr selbsttätig spielen kann. Sehen Sie es als Alarmzeichen und finden Sie heraus, ob sich etwas in Kindergarten, Schule oder im familiären Umkreis auf das Kind ungünstig auswirkt, was es noch nicht richtig artikulieren kann. Versuchen Sie in einer ruhigen Minute, zum Beispiel während des abendlichen Zu-Bett-geh-Rituals, bei Ihrem Kind nachzuhaken. Vielleicht erzählt Ihr Kind von einem Vorfall mit anderen Kindern, von einer Ungerechtigkeit, die es nicht verkraftet, etc. Fragen Sie in jedem Fall im Kindergarten, in der Schule und bei Freunden nach, was passiert ist, und vermitteln Sie Ihrem Kind Geborgenheit und Verständnis.

Der Gegenpol von Langeweile – das Spielen

Spielen macht Spaß und gibt positive Emotionen, denn das Gegenteil von Langeweile ist der leidenschaftliche Spieltrieb der Kinder! Aus diesem Grund brauchen Kinder spielerische Freiräume, in denen sie – auch durch die Erfahrung von Langeweile – neue Ideen schöpfen können. Dann entfalten sie sich schöpferisch und kreativ und setzen mit hoher Eigenmotivation Neues um. Kinder sind von Natur aus so „konzipiert", dass sie die Welt durch viel Eigenaktivität entdecken und ständig Neues im wahrsten Sinne des Wortes „be-greifen" wollen. Sie wollen Erfahrungen sammeln und gehen spielerisch, fantasievoll und unbefangen an alles heran, was ihr Interesse weckt. Sie tauchen dabei tiefer in bereits vorhandene Fähigkeiten ein, um dann das neu erworbene Wissen mit dem bestehenden Wissen zu verknüpfen.

In kreativen Prozessen lernen sie, einen Vorgang (ein Spiel, Experimentieren mit Material etc.) aus verschiedenen Perspektiven zu betrachten und zu behandeln. Dies ist ein sehr wünschenswerter Vorgang, denn Intelligenz zeichnet sich nicht nur durch Merkfähigkeit aus, sondern unter anderem auch dadurch, dass Kinder in der Lage sind, sich flexibel auf neue Situationen und Anforderungen einzustellen und zu reagieren. Durch das Eintauchen in kreatives Spielen, durch eigenes Entwickeln und Experimentieren erfahren die Kinder den „Flow-Effekt", das bedeutet ein In-sich-versunken-Sein, bei dem sie nicht merken, wie die Zeit vergeht. Sie erfahren in der Selbstbetätigung eine enorme Selbstbestätigung, die sich auf eine positive Persönlichkeitsentwicklung auswirkt.

Das Spiel vermittelt Kindern entscheidende Grundkompetenzen oder Schlüsselqualifikationen, die die heranwachsende Generation benötigt, um sich in die Gesellschaft zu integrieren und ihren Platz darin zu finden. Es fördert:

- die verbale und/oder nonverbale Kommunikation und Interaktion der Spielenden;
- die emotionale Intelligenz durch die ständige Notwendigkeit des Sichverständigens, des Sichentscheidens und des Kompromisseschließens. Gleichzeitig lernen Kinder, sich im Spiel anzupassen und sich in die Gruppe zu integrieren. Das Spiel entwickelt Handlungsbereitschaft- und Konfliktfähigkeit;
- durch unterschiedliche Spielformen (Rollenspiele, Regelspiele etc.) das Training der sensorischen, motorischen und kognitiven Fähigkeiten;
- Kreativität und vernetztes Denken.

Überwinden der Langeweile als Suchtprävention?

Spielzeugfreie Phasen haben den Vorteil der Kreativitätsförderung. In immer mehr Kindergärten werden spielzeugfreie Wochen eingeführt und viele Eltern ziehen zu Hause wenigstens in Teilen nach. Dadurch wird sozusagen eine künstliche Situation der Langeweile für die Kinder geschaffen. Die Kinder reagieren darauf, indem sie selbst Spielideen aus dem verbliebenen Materialien entwickeln. Oft werden in Kindergärten auch spielzeugfreie Phasen mit Waldtagen kombiniert, bei denen die Kinder wieder lernen, kreativ mit Naturmaterialien zu spielen und zu gestalten.

Doch der eigentliche Grund für den Einsatz von spielzeugfreien Phasen ist die Suchtprävention. Damit ein Kind keine Anfälligkeit für eine Sucht entwickelt, ist es wichtig, seine so genannten Lebenskompetenzen zu fördern. Dazu benötigen vor allem Kinder im Vorschulalter Spielräume, in denen sie ihre Themenschwerpunkte selbst setzen, ihr Entwicklungstempo selbst bestimmen und ihre Spielpartnerinnen und Spielpartner selbstständig auswählen können. Spielzeug gibt schon zu viel Vorgefertigtes vor, sodass Kinder immer weniger in der Lage sind, ihre eigenen Bedürfnisse und Fantasien auszuleben.

Trotz oder gerade wegen des Überflusses kommt Langeweile auf. Es ist wichtig, den Kindern wieder den Freiraum zu verschaffen, „zu sich selbst zu kommen", für einen begrenzten Zeitraum eine „Gegenerfahrung" zu machen. Nur so gelingt es ihnen, Kontakt zu sich selbst und zu ihren eigenen Bedürfnissen herzustellen, was für die Entwicklung von Selbstvertrauen und einer eigenständigen Persönlichkeit von großer Bedeutung ist. Kinder bekommen auf diese Weise auch die Chance, sich stärker auf Gruppenprozesse einzulassen, verschiedene Positionen in der Gruppe zu erproben und sich in anderen Rollen zu versuchen. Trotzdem steht natürlich außer Frage, dass sinnvolles Spielzeug notwendig für die kindliche Entwicklung ist.

Ich habe zum Beispiel immer wieder verschiedenes Spielzeug in Kisten verpackt und es über mehrere Wochen und Monate aus dem Aktionsradius meiner Kinder gebracht. War es ihnen mal langweilig oder ich hatte das Gefühl, jetzt ist es an der Zeit, ihnen das Spielzeug wieder zur Verfügung zu stellen, haben die Kinder mit einer Begeisterung damit gespielt, als ob es nagelneu wäre. Schön ist es, diesbezüglich familiäre Rituale zu haben. Beispielsweise, dass der große Kaufladen oder das Puppen-haus immer zu Weihnachten aufgebaut werden und dann mit dem Beginn der „Freiluftsaison", also im Frühling, wieder verschwinden. Die Kinder freuen sich an Weihnachten dann nicht nur auf die Geschenke, sondern auch auf das Spielen mit dem raren Spielzeug.

Ist Ihr Kind zwischen drei und vier Jahren alt, kann es sehr hilfreich für es sein, wenn Sie ihm bei Langeweile einen äußeren Rahmen bieten, in dem es mit neuen Ideen aktiv werden kann. Zum Beispiel:

- Gehen Sie mit Ihrem Kind raus. Machen Sie einen Spaziergang oder eine Expedition zu einem kleinen Bach. Nehmen Sie Eimer, Sieb und Lupe für Naturerkundungen mit.
- Fragen Sie Ihr Kind, ob es Ihnen helfen will. Je nach Akzeptanz und Vorlieben des Kindes schlagen Sie einige Tätigkeiten vor wie Blumen gießen, Auto waschen, bügeln, staubsaugen, im Garten hacken, Gras rechen, Kuchen backen. Ist es mit Ihnen aktiv, verflüchtigt sich die Langeweile von selbst.
- Nehmen Sie sich etwas Zeit und kuscheln sich mit Ihrem Kind auf dem Sofa und lesen ihm eine Geschichte vor. Sprechen Sie mit ihm darüber und versuchen einen guten inneren Kontakt zum Kind herzustellen.
- Spielen Sie mit ihm eines der Spiele, die im folgenden Abschnitt beschrieben sind.

Ältere Kinder können Sie beruhigt alleine ihren Kampf gegen die Langeweile austragen lassen. Wie in den vorhergehenden Abschnitten ausgeführt, kann es sie nur stark machen.

So helfen Sie Ihrem Kind, die Langeweile zu überwinden

Hat Ihr Kind Langeweile, so lassen Sie es ruhig etwas „schmoren". Denn wie schon erwähnt, ist die Langeweile eigentlich die Ruhe vor dem „kreativen Sturm". Oft entsteht Langeweile, wenn die Kinder vorher sehr intensiv gespielt haben. Sie ist sozusagen das Vakuum bis zur Entwicklung einer neuen Idee.

Doch was machen gelangweilte Kinder? Sie fahren ziellos mit dem Fahrrad herum, sie sitzen herum und hören interesselos Musik, sie sehen in die Luft ... Sehen Sie es einfach unter dem Gesichtspunkt, dass sich Ihr Kind nur die Zeit dafür nimmt, sich klar zu werden, was es als Nächstes machen will. Also nicht unbedingt stören! Denn Kinder sollen lernen, selbst mit sich zurechtzukommen, auch wenn dabei erst mal unangenehme Gefühle entstehen.

Falls Ihr Kind Sie jedoch fragt, ob Sie nicht mit ihm spielen wollen, möchte ich Ihnen einige Spiele vorschlagen, die Ihrem Kind gewissermaßen als Initialzündung für neue Ideen dienen können. Diese Spiele fördern Ihr Kind auf unterschiedlichen Ebenen wie Sprache, Merkfähigkeit, kreatives Gestalten, Gesang und Bewegung.

Kreative Sprachspiele gegen Langeweile

Im Alter von vier bis sechs Jahren lieben Kinder Sprachspielereien. Sie reimen die unsinnigsten Wörter zusammen und skandieren sie lauthals. Wie zum Beispiel: „Müllabfuhr – alte Uhr“. Es gefällt ihnen, dass sich die Wörter reimen, und sie lieben den eingängigen Sprach-Rhythmus (übrigens eine sehr gute Legasthenie-Prophylaxe!). Andererseits finden sie die Wortpaarungen besonders lustig, wenn sie so überhaupt nicht inhaltlich zusammenpassen.

Nonsensreime

Nachdem Sie Ihrem Kind „Es war einmal ein Mann“ vorgelesen haben, versuchen Sie, den Text auswendig nachzusprechen und lassen sich dabei von Ihrem Kind korrigieren. Das gefällt ihm sicherlich sehr gut, und es lernt dabei dieses Gedicht selbst sehr schnell auswendig und hat ein Erfolgserlebnis. Ohne großen Aufwand können Sie eine kleine „Aufführung“ in der Familie machen, bei der Ihr Kind das Gedicht z.B. den Geschwistern, dem anderen Elternteil, den Großeltern usw. vorspricht.

Es war einmal ein Mann (CD/MC, Track 11)

Es war einmal ein Mann, der hatte einen Schwamm.
Der Schwamm war ihm zu nass, da ging er auf die Gass.
Die Gass war ihm zu kalt, da ging er in den Wald.
Der Wald war ihm zu grün, da ging er nach Berlin.
Berlin war ihm zu voll, da ging er nach Tirol.
Tirol war ihm zu klein, da ging er wieder heim.
Daheim war's ihm zu nett, da legte er sich ins Bett.
Im Bett war 'ne Maus, 'drum ist die Geschichte aus.
(trad.)

oder:

Im Bett war eine Maus - das Weit're denkt euch selber aus!

Lesen Sie „Es war einmal ein Mann“ Ihrem Kind zur Unterhaltung vor und versuchen Sie, mit den hier anschließenden kurzen Nonsensreimen selbst weiterzureimen. Lesen Sie einzelne Reime vor und sprechen Sie das letzte Wort (Geschmatze, gesungen, Rädchen usw.) noch nicht aus, vielleicht errät ihr Kind das jeweilige Wort oder findet sogar ein anderes lustiges Wort.

Es war einmal eine Katze (CD/MC, Track 12)

Es war mal eine Katze,
die störte das ... (Geschmatze).
Es waren fünfzehn Jungen,
die haben gern ... (gesungen).
Es waren dreizehn Mädchen,
die schraubten an den ... (Rädchen).

Es war einmal ein Hund,
dem wurd' es mal zu ... (bunt).
Es war einmal ein großes Gnu,
das liebte sehr ein ... (Känguru).
Es war einmal ein Zwerg,
der saß auf einem ... (Berg).

1, 2, 3, alt ist nicht neu (CD/MC, Track 14)

Neu ist nicht alt, warm ist nicht kalt.
Kalt ist nicht warm, reich ist nicht arm.
Arm ist nicht reich, hart ist nicht weich.

Weich ist nicht hart, grob ist nicht zart.
Sauer ist nicht süß, Händ' sind keine Füß'.
Füß' sind keine Händ', das Lied ist zu End.

(trad.)

Lesen Sie diesen Reim Ihrem Kind vor. Beim zweiten Mal zögern Sie immer am Ende jedes Satzes, vielleicht erinnert sich Ihr Kind und kann fehlende Wort einfügen. Auch hier wird Ihr Kind hellwach und interessiert sein. Es trainiert seine Merkfähigkeit und gleichzeitig erweitert es noch seinen Wortschatz.

Spiele: Mit wenig Aufwand gegen Langeweile

Die folgenden Spiele können Sie mit Leichtigkeit in Ihrer Wohnung an einem langweiligen, verregneten Nachmittag mit Ihrem Kind spielen. Sie benötigen lediglich einige Utensilien, die jedoch in der Regel in jedem Haushalt vorhanden sind.

„Wo steckt der Wecker?“

Dieses Spiel ist so einfach und macht genauso viel Spaß wie Ostereiersuchen. Das Spiel ist für zwei oder mehr Mitspieler, Sie brauchen als Spielmaterial nur einen Küchenwecker oder einen mechanischen Wecker. Ein oder mehrere Spieler gehen vor die Tür und ein anderer versteckt den aufgezogenen Wecker, der laut tickt. Dann dürfen die vor der Tür wartenden Mitspieler hereinkommen und müssen den tickenden Wecker suchen. Wer ihn gefunden hat, darf ihn als Nächster verstecken.

„Schattenrätsel“ (Lichtspiel mit Taschenlampe)

Ein Zimmer wird verdunkelt und ein altes weißes Bettlaken als Projektionsfläche aufgehängt. Sie können aber auch gegen eine leere weiße Wand leuchten. Schön ist es, wenn jeder Spieler eine Taschenlampe hat, aber es reicht auch eine Taschenlampe für alle. Jeder Spieler kommt an die Reihe und malt mit der Taschenlampe einen Buchstaben, eine Zahl oder eine Form (z.B. Herz, Blume, Mund, Schlange, Wolke, Haus) auf das Laken. Die anderen raten. Dann kommt der nächste Spieler dran.

„Wer bist du?“ (Lichtspiel mit Taschenlampe)

Für dieses Spiel sollten Sie mindestens zu dritt sein. Ein weißes Bettlaken wird so aufgehängt, dass Sie sich dahinter noch bewegen können. Einer der Mitspieler steht als Ratender vor dem Tuch und ein anderer leuchtet von dahinter. Nun bewegt sich der Dritte folgendermaßen hinter dem Tuch:

- wie ein Tier (ruhig dabei auch die Hände einsetzen);
- wie eine (Märchen-)Figur, z.B. eine Hexe, ein Gespenst;
- ganz „normal“ wie einer der Anwesenden, und der Dritte vor dem Tuch muss raten, welche Person dargestellt wird (nur bei einer Gruppe).

Rollenwechsel.

„Feuer, Wasser, Erde, Luft“

Dieses altbekannte Spiel macht Kindern sehr viel Spaß. Schön ist es zwar, wenn es mit einer großen Kindergruppe gespielt wird, es kann aber genauso gut im Wohnzimmer mit der Familie durchgeführt werden. Den Elementen werden Tätigkeiten zugeordnet. Ruft ein vorher festgelegter Spieler:

- „Feuer“, finden sich alle schnell zusammen;
- „Wasser“, steigen alle auf einen Stuhl oder auf das Sofa;
- „Erde“, legen sich alle auf den Boden;
- „Luft“, fliegen alle mit ausgebreiteten Armen durch den Raum.

Es macht Kindern großen Spaß, dieses Spiel mehrmals zu wiederholen mit immer neuem Rufer.
Variante: Die Spieler erfinden neue Varianten und andere Wörter.

Kim-Spiele mit „langweiligem" Spielzeug

Bei diesem Spiel entdeckt Ihr Kind vielleicht viele Spielzeuge wieder, mit denen es schon lange nicht mehr gespielt hat. Ist es Ihrem Kind langweilig und findet es in seinem Zimmer überhaupt nichts mehr zu spielen, dann suchen Sie mit ihm zusammen mehrere Spielsachen heraus. Legen Sie diese mit Ihrem Kind auf ein einfarbiges Tuch (Decke, Handtuch, Laken). Sprechen Sie mit Ihrem Kind genau durch, was alles auf dem Tuch liegt. Nun dreht sich Ihr Kind um und Sie lassen eine der Spielsachen verschwinden. Das Kind soll nun erkennen, was verschwunden ist. Rollentausch.
Variante: Zwei Gegenstände auf dem Tuch werden vertauscht und Ihr Kind soll herausfinden, welche das waren.

Lied: „Langweile, Langweile – wo kommst du nur her?" (CD/MC, Track 13)

Gerade für jüngere Kinder ist es sehr schwer, Langeweile auszuhalten. Das folgende Lied erzählt in der ersten Strophe den Zustand der Langeweile aus der Sicht des Kindes. Dann kommt jedoch auch die Langeweile zu Wort, und schließlich hat das Kind in der letzten Strophe eine Spielidee. Ist Ihrem Kind langweilig, dann singen Sie das Lied mit ihm, denn es kann ihm helfen, die Langeweile als notwendiges Übel anzunehmen und auszuhalten. Eines ist sicher: Langeweile geht vorüber!

Die Handlung des Liedes lässt sich leicht als Rollenspiel mit ein oder zwei Kindern (1. und 3. Strophe) und einem Erwachsenen in der Rolle der Langeweile umsetzen.

„Langweile, Langweile – wo kommst du nur her?“

1. Der Regen tropft: „Tropf-tropf!“,
aufs Fenster und den Blumentopf.
Die Welt ist trüb und grau
und langweilig, wohin ich schau.
Ich weiß auch nicht warum
und finde alles blöd und dumm!
Die Kuscheltiere schaun,
als träumten sie ’nen öden Traum.

II: Langweile, Langweile –
langweil’ mich so sehr.
Langweile, Langweile –
wo kommst du nur her? :II

2. Hallo, hör doch mal her,
was ich dir jetzt mal schnell erklär!
Die Langweile bin ich,
und bin doch gar nicht fürchterlich!
Viel Zeit schenk’ ich dir hier,
zum Suchen: „Was gefällt denn dir?“
Und plötzlich hast du Spaß,
entdeckst zum Spielen immer was!

II: Langweile, Langweile –
langweil’ mich so sehr.
Langweile, Langweile –
wo kommst du nur her? :II

3. Was sehe ich denn hier?
Ein Rucksack hängt an meiner Tür.
Was ist denn da nur drin,
war aus den Augen, aus dem Sinn.
Ach was, das gibts doch nicht,
mein Kompass und mein Taschenlicht!
'Ne Höhle bau ich mir
und spiele mit der Lampe hier.

II: Langweile, Langweile –
kenne ich heut nicht!
Langweile, Langweile –
spiele mit dem Licht. :II

Gegen Langeweile unterwegs

Das Schlimmste bei einer Urlaubsreise, oder sei es nur auf einer Strecke von hundert Kilometern zu Freunden, ist die unausweichliche Frage nach ein paar Kilometern: „Wann sind wir endlich da?“ Gut gerüstet sind Sie sicherlich, wenn Sie genügend Getränke und Knabbereien dabei haben und die Lieblings-CDs, die die ganze Familie schon in und auswendig kann. Doch irgendwann reichen auch diese Angebote nicht mehr. Daher habe ich Ihnen einige erfolgreiche Spiele gegen Langeweile unterwegs, sei es im Auto oder im Wartezimmer, ausgesucht.

„Ich sehe was, was du nicht siehst“

Dieses Spiel ist wahrscheinlich schon viele hundert Jahre alt, hat aber für Kinder auch heute nichts an Interesse eingebüßt. Dazu werden zwei und mehr Spieler benötigt. Schon mit Kindern ab drei Jahren lässt sich dieses Spiel durchführen. Auf Reisen, im Wartezimmer oder in fremder Umgebung tut es hervorragende Dienste. Ihr Kind lernt dabei, seine Umgebung zu beobachten und mit eigenen Worten zu beschreiben. Ein ideales Beispiel für die spielerische Förderung der Sprache und der kognitiven Fähigkeiten des Kindes.

Und so gehts: Ein Spieler beginnt und sucht sich einen Gegenstand im Zimmer aus. Zum Beispiel eine blaue Lampe. Er sagt: „Ich sehe was, was du nicht siehst, und das ist blau.“ Die anderen Spieler stellen nun Fragen, die nur mit „Ja“ oder „Nein“ beantwortet werden dürfen. Sie fragen zum Beispiel, ob der Gegenstand oben im Zimmer oder am Boden ist, ob er groß oder klein ist, ob er durchsichtig oder undurchsichtig ist usw. Wer den richtigen Gegenstand als Erster herausfindet, darf sich als Nächstes einen Gegenstand aussuchen.

Im Auto: „Das Drinnen-und-draußen-Spiel“

Dieses Spiel funktioniert ähnlich wie „Ich seh‘ etwas, was du nicht siehst“. Es muss jedoch einmal vorbereitet werden und kann dann während langer Fahrten zu zweit oder auch zu mehreren gespielt werden. Zu Hause werden 22 Karten aus festem weißem Karton ausgeschnitten. Jeweils zwei Karten werden in der gleichen Farbe angemalt. Dann bekommen die jeweils gleichfarbigen Karten einen Kreis oder ein Viereck zusätzlich aufgemalt. Während der Fahrt werden dann die Karten von den Mitspielern zu gleichen Teilen gezogen. Bei einer roten Karte mit Kreis wird nach einem roten Gegenstand *im* Auto, bei einer gelben Karte mit Viereck nach einem gelben Gegenstand *außerhalb* des Autos gesucht usw. Wer am meisten entdeckt hat, hat gewonnen.

„Was spürt die Hand?“

Das Kind schließt die Augen und hält die offene Handfläche einem Mitspieler hin. Dieser malt mit dem Fingernagel eine einfache Form (Kreis, Strich), eine Zahl oder einen Buchstaben in die Handinnenfläche. Das Kind rät. Rollenwechsel.

Tipp: Fingerspiele, Lieder und Reime verkürzen ebenso jede Autofahrt. Werden Sie selbst aktiv, anstatt nur den CD-Player laufen zu lassen. Das macht allen mehr Spaß und auch Sie selbst bleiben oder werden dabei wacher.

9 Essen – das tägliche Drama

Eine kleine Theorie des Essens

Essen mit Kindern kann Stress pur sein. Kleinkinderhände im Kartoffelbrei, verschmierte Stühle, umgekippte Saftbecher, jeden Tag einen Berg mit essensverschmutzten Lätzchen, Pullovern und Hosen und ständig in lauernder Hab-Acht-Stellung, was beim Essen gleich wieder passieren wird. Nicht zu vergessen die Nerven, die man braucht, wenn Kinder lernen, mit Messer und Gabel zu essen. „Nein, nicht das Essen mit dem Messer in den Mund schieben!", höre ich mich heute noch manchmal aufheulen, obwohl oder vielleicht weil meine Kinder gerade in der Pubertät sind. „Ach, Mama!", wird mir erwidert, „wenn wir ins Restaurant gehen, weiß ich schon, wie ich mich benehmen muss!" Welch großzügiger Trost ...

Trotzdem möchte ich Ihnen Mut zu einer eigenen Esskultur in Ihrer Familie machen. Essen und der ganze Vorgang des Essens gehören nicht nur zu den Grundbedürfnissen des Lebens, sondern sagen auch viel über die Kultur des jeweiligen Landes aus, in dem wir leben. Ein gemeinsames Mahl verbindet Menschen und Kulturen. Früher war – und das gilt auch heute noch – ein gemeinsames Essen ein Symbol des Friedens, der Sicherheit und der Harmonie. Ein harmonisches Essen hinterlässt gute Erinnerungen und Gefühle. Und beim Essen kommen viele Sinne „zu Wort": Das Auge isst bekanntlich mit, der Geruch lässt uns das Wasser im Mund zusammenlaufen, der Geschmack entwickelt sich „dreidimensional" über Tasten, Riechen und Schmecken. Eine weitere Dimension ist beim Essen besonders wichtig, die Zeit. Es tut sowohl dem Körper als auch der Seele einfach gut, jeden Bissen ohne Hektik und Stress genießen zu können. Und all diese Elemente können wir in die Erziehung unserer Kinder mit einfließen lassen.

Die Nahrungsaufnahme des Babys – wichtig für Körper und Seele

Schon im Mutterleib nuckelt das ungeborene Kind an seinem Daumen. Und gerade dieser Saugdrang ist so elementar in uns verankert, dass viele Kinder bis ins Kindergartenalter hinein nicht ohne Schnuller einschlafen können und er noch lange bei größeren Auseinandersetzungen als Seelentröster seinen Einsatz findet.

Fachlich ausgedrückt befindet sich der menschliche Säugling nach seiner Geburt in der so genannten oralen Phase, in der die Bedürfnisbefriedigung durch Saugen an erster Stelle steht. Saugen bedeutet Nahrungsaufnahme, Geborgenheit und Schutz, am besten an der Mutterbrust. Das bedeutet nicht, dass Sie bei jedem „Meckern" Ihres Kindes versuchen sollten, seine Bedürfnisse sofort und auf der Stelle zu befriedigen. Außerdem ist ein Schlaf- und Essensrhythmus sehr wichtig, und ein bisschen Schreien und Meckern ist ganz normal (siehe auch Kapitel 11: „Zeit zu schlafen!", Seite 145). Jedoch ist der Hunger bei Babys anders als bei uns Erwachsenen: Ein Baby kann von seinem geistigen Entwicklungsstand aus nicht verstehen, warum es nichts zu essen bekommt, wenn es Hunger hat.

Orale Mangelerlebnisse und ihre psychischen Auswirkungen

Es ist interessant zu erfahren, was verhaltenspsychologische Untersuchungen in Bezug auf die frühkindliche Nahrungsaufnahme ergeben haben. Verhaltensstörungen sowohl bei Kindern wie auch bei Erwachsenen sind oftmals auf frühe orale Mangelerlebnisse (zu wenig Saugmöglichkeiten, auch verbunden mit zu wenig Nahrung, rigide Rhythmusvorgabe und Schreienlassen, zu wenig Geborgenheit) zurückzuführen. Offenbar versuchen Kinder – und später die Erwachsenen – unbewusst, diese frühkindlichen oralen Bedürfnisverletzungen durch entsprechendes Verhalten zu kompensieren. Sie haben immer Angst, dass ihre intensiven Bedürfnisse im wahrsten Sinne des Wortes nicht gestillt werden. So versuchen sie beispielsweise mit hektischer Nahrungsaufnahme oder mit ständigem Verlangen nach Essen eine Bedürfnisbefriedigung zu erreichen, die ihnen im Babyalter vorenthalten wurden.

Die Bandbreite der psychischen Verhaltensstörungen reicht allerdings weit über späteres problematisches Essverhalten hinaus. Orale Bedürfnisverletzungen in der frühen Kindheit können sich später in psychischen Problemen wie resignativem und passivem Verhalten bemerkbar machen. Oder durch das Gegenteil, nämlich durch das kleinkindhaft maßlose Einfordern einer sofortigen Bedürfnisbefriedigung. Auch depressive Grundstimmungen oder Leistungshemmungen können sowohl bei Kindern wie auch bei Erwachsenen auftreten. Außerdem manifestieren sich oftmals ein übermäßiges Anspruchsdenken und überschießende Neidreaktionen, was auf ein geringes Selbstwertgefühl durch die Bedürfnisverletzung in der frühen Kindheit schließen lässt. Jedoch haben solche unbefriedigten oralen „Reststörungen" – in einem gewissen Umfang – alle Menschen. Sie kennen sicherlich auch die Situation, dass Sie sich nach einem anstrengenden Tag etwas Gutes tun und dann zum Beispiel zu Alkohol oder Schokolade greifen. Das ist noch lange kein Grund, sich Sorgen über sein Verhalten zu machen; es sei denn, dass man ohne Alkohol nicht mehr einschlafen kann oder jede Nacht den Kühlschrank ausräubert.

(Lesen Sie hierzu auch das Kapitel 3: „Sich selbst vertrauen können", Seite 35.)

Ein Löffelchen für Mama, ein Löffelchen für Papa ...

Normalerweise stellen sich Eltern auf eine geregelte und kindgemäße Nahrungsaufnahme ihres Kindes ein. Nur so erhält es alle Nährstoffe, die es zum Wachsen und Gedeihen braucht. Außerdem hat Essen im übertragenen Sinne viel mit Fürsorge und Liebe zu tun. Doch aus falsch verstandener Fürsorge glauben manche Eltern, die Essensmenge ihres Kindes bestimmen zu können. Ein Kind dafür zu bestrafen, dass es sein Essen nicht aufgegessen hat, führt in einen Teufelskreis. Das Kind wird sich beim nächsten Mal natürlich weigern zu essen, weil es das Essen mit unangenehmen Erinnerungen verknüpft. Seine Eltern werden versuchen, ihr Kind trotzdem dazu zu bewegen, etwas zu sich zu nehmen, doch je mehr sich die Eltern bemühen, desto geringer wird der Hunger usw. Eltern sollten unbedingt akzeptieren, dass Kinder schon recht früh in der Lage sind, Körpersignale wie Hunger oder eben Sättigung selbst wahrzunehmen.

Wenn Eltern diese Signale ignorieren, vermitteln sie ihrem Kind die Botschaft, dass sie sich nicht ernsthaft für seine Bedürfnisse interessieren und dass sie wenig Zutrauen in die Selbstwahrneh-mung ihres Kindes haben. Haben sie dieses Zutrauen jedoch, dann legen sie einen wichtigen Grundstein für ein natürliches Selbstwertgefühl und eine gute Entwicklung der Körperwahrnehmung. Diese Kinder werden auch als Erwachsene einen guten Kontakt zu den Signalen ihres Körpers besitzen und entsprechend darauf reagieren. Sie werden ihre natürliche Essbremse nicht missachten und neigen daher nicht zu Übergewicht, weil sie nicht gezwungen wurden, das Sättigungsgefühl zu missachten. Außerdem sind sie als Heranwachsende weniger gefährdet, an einer Störung der Körperwahrnehmung zu erkranken, die zu Magersucht und Ess-Brech-Sucht (Bulimie) führen kann.

Psycho-Druck durch Essen

Werden Kinder beispielsweise nach einer Auseinandersetzung mit den Worten auf ihr Zimmer geschickt: „Für dich fällt das Abendessen heute aus!“, ist das selbst noch in der Erinnerung vieler Erwachsener die Höchststrafe, die sie als Kinder erhalten konnten. Die Kinder werden sozusagen von der seelischen und materiellen Quelle des Familienlebens, dem gemeinsamen Essen und Trinken und dem Zusammensein im Kreise der Familie ausgeschlossen. Das tut noch viel mehr weh, als mal mit hungrigem Bauch ins Bett zu steigen. Ebenso fatal ist das Hervorrufen von Schuldgefühlen: „Ich habe mir so viel Mühe gemacht, und nun isst du nichts.“ Oder die Androhung von Liebesentzug: „Wenn du das Gemüse nicht isst, dann habe ich dich nicht mehr lieb!“ All diese Aussagen sind für die Entwicklung einer Persönlichkeit, die fähig sein soll, auf die eigenen Bedürfnisse seelischer und körperlicher Natur zu reagieren, absolut kontraproduktiv. Kinder sollen jedoch lernen, auf die Bedürfnisse ihres Körpers zu achten. Das stärkt unter anderem ihr Selbstvertrauen und die Eigenwahrnehmung des Körpers.

„Mein Kind verweigert das Essen!“

Das Problemfeld Essstörungen bei jüngeren Kindern ist eine regelrechte pädagogische Gratwanderung. Es erfordert von Eltern ein gutes Einfühlungsvermögen, um richtig reagieren zu können. Kinder merken ziemlich schnell, dass sie z.B. durch Nahrungsverweigerung ihren Trotz ausleben und Macht über die Erwachsenen bekommen können. Wird die Nahrung aus einer Trotzreaktion heraus verweigert, dann sollten die Eltern nicht darauf eingehen. Das Kind wird bei der nächsten Mahlzeit wieder mit Appetit zugreifen.

Anders steht es, wenn ein Kind nichts isst, weil es unglücklich, unzufrieden oder voller Angst ist; dann kann und mag es nicht essen. Ebenso, wenn es sich nicht genug anerkannt und geliebt fühlt. Die Essensverweigerung kann also ein Ventil für ungelöste Konflikte sein. Hier sollten bei

Ihnen die Alarmglocken läuten und es wäre gut, wenn Sie die Familiensituation und das weitere Umfeld kritisch beleuchteten. Fragen Sie Ihr Kind in einer ruhigen Minute, ob es sich mit einer Situation und mit bestimmten Menschen in seinem Umfeld nicht wohl fühlt, und versuchen Sie entsprechende Lösungsmöglichkeiten zu finden. Schon allein, dass Ihr Kind sein Problem aussprechen kann, könnte die Essenssituation verbessern, weil es sich angenommen fühlt. Aber versuchen Sie nie, Ihr Kind mit Druck zum Essen zu bewegen. Stellen Sie das Essensproblem nicht in den Mittelpunkt jeder Mahlzeit. Sie können liebevoll fragen: „Willst du noch etwas Gemüse oder bist du satt?", damit Ihr Kind das Gefühl hat, dass es eigenständig entscheiden kann.

Immer Theater mit: „Das ess ich nicht!"

Alle Eltern kennen diesen Ausspruch. Manchmal kann man ihn schon gar nicht mehr hören und reagiert regelrecht allergisch darauf. Die Gründe, warum Kinder bestimmte Nahrungsmittel nicht essen, sind in der Entwicklung ihrer Geschmacknerven zu finden. Zum Zeitpunkt der Geburt sind die Geschmacksnerven von Säuglingen auf das Schmecken von Süßem eingestellt. Die Muttermilch ist süß. Besonders bittere oder saure Lebensmittel werden von Kindern geschmacklich extremer wahrgenommen. Trotzdem sollte nicht nur Rücksicht auf die Lieblingsspeisen der Kinder genommen werden. Auch Erwachsene haben ein Recht auf Essen, das ihnen schmeckt. Kompromisse sind gefragt.

Bei einer gemeinsamen Essensplanung hat Ihr Kind auf jeden Fall das Gefühl, dass es mitentscheiden durfte. Papa mag keinen Griesbrei, isst ihn aber auch, und das Kind selbst mag keine Kohlrouladen und isst dann ein bisschen mit. Allerdings sollte es keine oder wenig Extrawürste für andere Geschmäcker in der Familie geben. Das Leben ist nun mal nicht immer so, dass immer nur das passiert, was einem gefällt – auch beim Essen! Und Nachtisch gibt es nur, wenn etwas vom ungeliebten Essen – und seien es nur die Beilagen – gegessen wurde. Einen Trost gibt es: Im Laufe der Jahre beginnen Kinder, auch ungeliebte Nahrungsmittel zu essen, weil sich ihre Geschmacksnerven verändern.

So klappt es mit dem gemeinsamen Essen:

- Mindestens einmal am Tag sollte in der Familie gemeinsam mit allen Familienangehörigen gegessen werden. Die Uhrzeit ist relativ festgelegt. Für kleine Kinder günstigerweise zwischen 17:00 und 18:00 Uhr. Die gemeinsame Mahlzeit wird nicht vor dem Fernseher eingenommen, damit die Möglichkeit besteht, miteinander zu sprechen und zu erzählen, was jeder in der Zwischenzeit erlebt hat. Dieses Gemeinschaftserlebnis ist so prägend, dass die Kinder es automatisch beibehalten, selbst in der oftmals emotional schwierigen

Zeit der Pubertät, und dass somit das gemeinsame Essen oft die einzige Möglichkeit einer gemeinsamen Aktivität darstellt, bei der noch ein wirklicher Gedanken- und Erlebnisaustausch stattfinden kann.

- Es ist natürlich selbstverständlich, dass Chips, Kekse oder Schokolade auch in kleinen Mengen unmittelbar vor dem Essen tabu sind.
- Ist das Essen noch nicht fertig und die Kinder sind hungrig, drücken Sie ihnen einfach etwas Gemüse wie zum Beispiel eine Karotte in die Hand. Das füllt den Magen nicht mit Fett, sondern mit Ballaststoffen, und gibt eine gute Grundlage für das Essen.
- Einstiegsrituale bei Tisch sind sinnvoll. Sie verdeutlichen, dass in den kommenden Minuten das Essen und das Miteinander im Zentrum stehen. Ein Gebet oder ein Spruch wie: „Guten Appetit – alle essen mit!", bei dem man sich an den Händen hält und sie im Sprechrhythmus bewegt, geben einen schönen gemeinsamen Einstieg.
- Das Aufstehen der Kinder vom Tisch wird mit den Eltern abgesprochen. Erwachsene haben oft die Angewohnheit, sich nach dem Essen zu unterhalten. Man kann nicht von Kindern erwarten, dass sie so lange warten, bis das Gespräch zu Ende geführt ist. Aber mit dem Einverständnis der Eltern können sie nach dem Essen aufstehen.
- Wird beim Essen getrödelt, können die anderen aufstehen, und das Kind muss sein Geschirr selbst abwaschen und aufräumen (ab ca. fünf Jahren).
- Gemüse und Obst mögen die meisten Kinder viel lieber, wenn sie nicht, wie meistens bei Salaten, vermischt werden. Eine Platte mit Karotten, Gurken und Paprika und einem leckeren Dipp verlockt die Kinder wesentlich mehr zum Essen von Gesundem als Mischsalate.
- Jedes Kind bekommt nur so viel zu essen, wie es möchte. Will es relativ viel, kann man ihm anbieten, dass noch nachgenommen werden kann. Auch das Kind unterliegt Appetitschwankungen, manchmal braucht es mehr und manchmal weniger.
- Gibt es eine Mahlzeit, die das Kind nicht mag, sollten die Eltern versuchen, dass es einen Teil des Essens zu sich nimmt, z.B. dass es Nudeln mit Soße isst und ein bisschen Gemüse oder Kartoffeln mit Salat.
- Süßigkeiten gibt es zum Nachtisch, aber nur, wenn das Essen – oder wenigstens Teile davon – aufgegessen wurden. Süßigkeiten sollten nicht generell verboten sein, aber rationiert.
- Eine ruhige, entspannte Atmosphäre tut der Mahlzeit gut. Das ist jedoch z.B. mit zwei kleinen Kindern nicht immer möglich, trotzdem: ruhig Blut und Ruhe bewahren.
- Tischmanieren lernen Kinder praktisch nebenbei, jedoch ist meine Erfahrung, dass Kinder immer wieder in ihren Manieren auf eine eigentlich schon abgeschlossene Stufe

zurückfallen. Es macht einfach zu viel Spaß, mit den Fingern zu essen oder diese abzuschlecken. Bleiben die Eltern in solchen Situationen gelassen, aber bestimmt, sind die Kinder viel weniger geneigt, Widerstand zu zeigen.

- Öfter mal Freunde der Kinder zum Essen einladen. Das steigert den Appetit und entschärft so manche festgefahrene Situation. Plötzlich isst das Kind Pilze, die es vorher zu Hause akribisch aus dem Essen geklaubt hat.
- Wenn die Erwachsenen während des Essens Zeitung lesen, ist das für ein gutes Gemeinschaftserlebnis absolut kontraproduktiv. Erst wenn das Essen beendet ist, kann die Zeitung hervorgeholt werden.

So fördern Sie ein entspanntes Verhältnis zum Essen

Essen soll Spaß machen, was leider manchmal mit Kindern nicht der Fall ist. Die folgenden Angebote helfen Ihnen, Situationen im Alltag rund um das Thema Essen zu entschärfen und Ihren Kindern diese bewusst zu machen.

Geschichte: „Die Melonen von Pipione" (CD/MC, Track 16)

Diese Geschichte können Sie Ihrem Kind vorlesen, wenn es Streit mit Ihnen oder den Geschwistern um Essen, z.B. um Süßigkeiten, gab. Suchen Sie sich ein gemütliches Plätzchen und besprechen Sie während und nach dem Vorlesen die Geschehnisse in Pipione.

Hier ein beispielhaftes Gespräch: „Über was haben sich die Einwohner von Pipione und Popione gestritten? Und über was haben wir uns gestritten? Ist das der gleiche Grund wie in der Geschichte? Was war bei uns anders?"

„Die Melonen von Pipione"

In Italien gibt es zwei Dörfer, die liegen nah beisammen. Das eine Dorf heißt Popione, das andere Pipione. Popione liegt am Meer. Es hat einen schönen Sandstrand und einen malerischen Hafen. Gleich oberhalb von Popione schmiegt sich an die großen Felsen das gemütliche Dorf Pipione. Die Einwohner von Popione und Pipione bauen an den steilen Hängen der Berge Melonen an. Und weil die Melonen dort viel Sonne bekommen und immer mit frischem Quellwasser begossen werden, sind die Melonen von Popione und Pipione die besten von ganz

Italien. Viele Besucher kommen und essen riesige Mengen von Melonen. Sie kaufen Melonenmarmelade, Melonenschönheitscreme, Melonensirup, Melonenputzmittel, Melonenhaargel, getrocknete Melonenscheiben, T-Shirts, auf denen verschiedene Melonen aufgedruckt sind, und Röcke und Hüte, die aussehen wie eine Wassermelone. In Popione und Pipione könnte alles so schön sein, aber die Dörfer haben ein Problem: Die Einwohner von Popione und Pipione sind fürchterlich miteinander zerstritten. Jedes Dorf glaubt nämlich, die süßesten und größten Melonen von ganz Italien anzubauen.

Eines Tages stand das große Melonenfest von Popione vor der Tür. Dafür wurden alle reifen Melonen abgeerntet und warteten nun in Körben darauf, von den Feldern geholt zu werden. Pedro aus der Stadt war bei seinem Onkel, dem Bürgermeister von Popione zu Besuch und hatte den Auftrag, mit den Eseln diese Melonenkörbe von den Feldern zu holen. Das tat er auch. Die Einwohner von Popione schmückten währenddessen ihr Dorf mit Melonengirlanden und bereiteten riesige Töpfe mit Melonensuppe zu. Am nächsten Tag, dem großen Festtag, strömten viele Besucher nach Popione. Eine kleine Blaskapelle spielte zum Tanz auf. Alle waren begeistert von den leckeren Melonen, die es an den Ständen zu essen gab.

Doch plötzlich entstand eine große Unruhe in der Menschenmenge. Da kamen doch tatsächlich die Einwohner von Pipione nach Popione gestürmt! Wütend standen sie mit Mistgabeln und Rechen in der Hand da und drohten damit, auf die aufgestapelten Melonen einzustechen. Der Bürgermeister von Popione stellte sich mutig vor den Bürgermeister von Pipione. „Was ist los, Luigi?“, rief er ihm ins Gesicht. „Wenn ihr das nicht selbst wisst, dann seid ihr die größten Lügner von ganz Italien!“, brüllte Luigi zurück. Ein entrüstetes Gemurmel der Einwohner von Popione hob an. „Ihr habt uns die ganze Ernte geraubt!“, fuhr Luigi fort. „Niemals!“, riefen die Einwohner von Popione zurück.

Doch da dämmerte ihnen etwas und alle schauten auf einmal zu Pedro. Der wurde immer kleiner und kleiner und stammelte: „Ich hab doch alles richtig gemacht – oder? Nur die Körbe mit den schönsten und größten Melonen habe ich auf die Esel geladen!“ So kam heraus, dass Pedro aus Versehen Melonen des Dorfes Pipione nach Popione gebracht hat. „E-E-Entschuldigung!“, stammelte Pedro. Alle Einwohner von Popione und von Pipione waren wütend auf ihn. Doch dann sagte der Bürgermeister von Popione zu den Einwohnern von Pipione: „Lieber Luigi, liebe Bürger von Popione! Selbstverständlich seid ihr jetzt bei unserem Melonenfest eingeladen und wir müssen zugeben, dass eure Melonen mindestens genauso köstlich schmecken wie unsere! Und morgen bringen wir euch unsere Melonen ins Dorf. In Ordnung?“

Da waren alle froh und fingen zu klatschen an. Die Mistgabeln und Rechen wurden zur Seite gestellt. Die Musik begann zu spielen und es wurde ein schönes Fest, bei dem sich die Einwohner von Popione und Pipione nach langen Jahren endlich wieder versöhnt haben. Tja – und die Moral von der Geschicht: Über Melonen streiten lohnt sich nicht!

Lied: „Lakritze mit Banane“ (CD/MC, Track 15)

Benimmt sich Ihr Kind bei Tisch daneben, hat es vielleicht schon heimlich Süßigkeiten gegessen oder will nicht essen, was auf den Tisch kommt, so kann dieses Lied auf spielerische Weise diese kritischen Situationen innerhalb Ihrer Familie entschärfen. Singen Sie mit Ihrem Kind das Lied und sprechen Sie mit ihm über die einzelnen Strophen. Zum Beispiel: „Welche Strophe beschreibt genau das, was wir gerade erlebt haben? In welchen Strophen, meinst du, hat das Kind Recht und in welchen nicht?“ Das Lied stellt das Medium dar, über dessen Inhalt Sie mit Ihrem Kind sein Verhalten in Sachen Essen besprechen können. Damit wird das Kind emotional nicht so stark in eine Ecke gedrängt und kann auf mehr oder weniger freiwilliger Basis mit Ihnen über das Problem sprechen.

„Lakritze mit Banane"

1. Nudelsuppe nur für dich,
sie duftet schon verführerisch!
Und sie sieht ganz lecker aus,
ein richtig toller Gaumenschmaus!

Refrain 1:
Essen tu ich das doch nicht,
wie es aus der Küche riecht!
Ach, ich hab es ganz vergessen –
Hab schon bei 'nem Freund gegessen.

Refrain 2:
Das ist lecker, hey-jipieh!
Riecht so herrlich wie noch nie!
Mama* kocht doch jeden Tag,
was ich meistens gerne mag.

**Papa, Oma, Opa*!

2. Schau, Tomatenquark mit Sahne,
hier Lakritze mit Banane.
Dort gibts Ananas mit Wurst
und da noch Limo gegen Durst.

Refrain 1:
Habe schon daran geschleckt!
Doch es hat mir nicht geschmeckt!
Ach, ich hab es ganz vergessen –
bin mit Chips noch voll gefressen!

Refrain 2:
Das ist lecker, hey-jipieh!
So etwas aß ich noch nie!
Knabber hier und schleck mal da,
es schmeckt wirklich wunderbar!

3. Sauer, salzig oder süß,
sind Bonbons, Hühnchen und Gemüs´.
Jeder isst, so viel er will,
gekocht, gebraten und vom Grill.

Refrain:
II: Zusammen essen, das macht Spaß,
du isst dies gern und ich das!
Jeder isst ganz nach Belieben -
denn die Geschmäcker sind verschieden.

Fröhliche Spiele beim Essen

Es ist manchmal wie verhext. Immer beim Essen gibt es Zoff. Und Streit beim Essen „schmeckt" nicht! Da ist es manchmal sinnvoll, als Erwachsener über seinen Schatten zu springen und eines der folgenden Spiele mit den Kindern zu machen. Vielleicht helfen diese den kindlichen Manieren entgegenkommenden Spiele, die Atmosphäre am Familientisch aufzulockern. Ausserdem können Sie sie auch mit großem Erfolg bei Kindergeburtstagen einsetzen.

„Mittelalter"

Bei diesem Spiel darf nur mit Händen gegessen werden, schließlich soll es wie im tiefsten Mittelalter zugehen. Dabei ist Folgendes zu beachten: Das zubereitete Essen sollte gut in der Hand liegen, z.B. Hähnchenflügel oder -keulen, frittiertes Gemüse, Karotten, Äpfel, Brot, Brötchen oder Fladenbrot. Den Rittern und Burgfräulein wird stilecht ein Geschirrtuch um den Hals gebunden, an dem sie auch ihre fettigen Finger abputzen können. Kerzen und Holzbrettchen anstatt Teller und mögliche Faschingsutensilien wie ein Ritterhelm vervollständigen das standesgemäße Gelage. Das Ganze eignet sich hervorragend für eine Faschings- oder Geburtstagsparty.

„Stopp-Spiel"

Beim gemeinsamen Essen darf jeder plötzlich „Stopp!" rufen. Dann verharren alle unbeweglich in der Position, in der sie sich gerade befinden – und wenn das Essen noch so lecker ist. Bei dem Wörtchen „Weiter!" darf das Essen fortsetzt werden. Wichtig ist, dass jeder einmal beim „Stopp!"- und beim „Weiter!"-Sagen drankommt.

Sinnesförderung: Ratespiele zu Obst und Gemüsesorten

Diese Spiele eignen sich sowohl im kleinen Rahmen in der Familie, sie können aber auch mit mehreren Kindern zum Beispiel bei einem Kindergeburtstag gespielt werden. Sie können ganz spontan mit den gerade zu Hause befindlichen Obst- und Gemüsesorten durchgeführt oder bewusst mit einem Einkauf verbunden werden. Die Kinder lernen dabei spielerisch, Farben und Obst- und Gemüsesorten zu unterscheiden. Durch das Kosten, das Riechen und Tasten von verschiedenem Obst und Gemüse trauen sich die Kinder leichter, im Spiel alles zu probieren und mitzumachen. Das weckt die Freude am gesunden Essen!

„Farben-Spiel"

Überlegen Sie gemeinsam mit Ihrem Kind, welche Obst- und Gemüsesorten grün, rot, gelb, orange oder blau sind. Dann wird ein Einkaufszettel geschrieben und bei nächster Gelegenheit werden die Früchte und Gemüsesorten gemeinsam, am besten frisch auf dem Markt, eingekauft. Anschließend werden sie gewaschen und eines der folgenden Spiele durchgeführt.

„Was riechst du?"

Verschiedene Obst- und Gemüsesorten werden aufgeschnitten und auf einen Teller gelegt. Ihr Kind schließt wieder die Augen und bekommt diese verschiedenen Obst- und Gemüsesorten unter die Nase gehalten. Es rät, welches Obst es riecht. Rollenwechsel.

„Was schmeckst du?"

Ihr Kind hat die Augen geschlossen und bekommt verschiedene Obst- und Gemüsesorten in die ausgestreckte Hand gelegt. Es ist wichtig, dass sich Ihr Kind das Obst oder Gemüse selbst in den Mund schiebt, da es sehr unangenehm ist, wenn einem jemand bei geschlossenen Augen etwas in den Mund steckt. Nun rät das Kind, was es schmeckt. Rollenwechsel.

Achtung: Lebensmittelallergien nehmen stark zu. Daher sollten Sie sich vor Kindergeburtstagen unbedingt bei den Müttern der eingeladenen Kinder nach Allergien und Unverträglichkeiten erkundigen!

10 „Ich darf Angst haben!“

Angst im Kinderleben

Angst gehört zum Leben wie Wut, Trauer, Freude, Liebe. Es ist wichtig, dass Sie die Angst Ihres Kindes ernst nehmen und sie akzeptieren. Vor allen Dingen sollten Eltern vermeiden, die kindliche Angst herunterzuspielen, z.B. mit den Worten: „Du brauchst keine Angst zu haben!“ Das beruhigt ein Kind überhaupt nicht, denn sein Problem wird ja nicht gelöst.

Es wäre ungefähr dasselbe, wie wenn Sie Ihre Papiere und Ihr Geld auf einer Reise durch ein wildfremdes Land verloren hätten und mit den Worten beruhigt würden: „Das ist doch nicht so schlimm!“ Das wäre wirklich keine beruhigende Antwort, die auf Ihre Situation eingeht. Wünschen würden Sie sich doch wohl die Frage: „Wie kann ich helfen?“ oder – um auf die Angstsituation des Kindes zurückzukommen: „Vor was hast du Angst?“

Angsthase von Geburt an?

Untersuchungen haben ergeben, dass rund 15 bis 20 Prozent aller Babys ängstlich und furchtsam auf die Welt kommen. Die ängstlicheren und schüchternen Kinder werden anscheinend mit einer gehirnphysiologischen Veränderung geboren, die sie schon bei nicht besonders großem Stress mit starken körperlichen Reaktionen wie Herzrasen reagieren lässt. Neueste Untersuchungen haben herausgefunden, dass Mütter, die während der Schwangerschaft unter starkem körperlichem und seelischem Stress leiden, ihren Stress auf das ungeborene Kind übertragen. Ihre Kinder sind nach ihrer Geburt ängstlich und wenig stressresistent und verhalten sich als Kleinkinder gegenüber allem, was sie nicht kennen, zurückhaltend. Dieses Verhalten ändert sich bei zirka zwei Drittel der ängstlichen Kinder bis zum Schuleintritt.

Kleinkinder, die keine ausreichenden Möglichkeiten haben, frei zu spielen oder die überbehütet aufwachsen, werden notgedrungen ängstlich, weil sie keine oder zu wenig Erfahrungen mit ihrem Körper, mit Bewegungen und Materialien und mit anderen Kindern machen konnten. „Mut“-Zusprüche wie: „Trau dich nur!“ oder „Stell dich nicht so an!“ bewirken das Gegenteil bei ihnen. Nur in spielerischer Atmosphäre lernen Kinder, sich körperlich – und damit untrennbar verbunden: auch seelisch und emotional – etwas zu zutrauen. Unter Druck blockieren Kinder und reagieren zusätzlich noch mit Angst vor dem Versagen.

Diese aufgeführten Aspekte sind unter anderem auch ein Grund, warum die Ergotherapie nach der Sprachheiltherapie in den letzten Jahren fast schon ganz normal in den Terminkalender einer Vielzahl von Kindern gehört. Denn mangelnde Bewegung und körperliche Anregung (sensorische Integration) lassen die natürlichen Anlagen zum Sprechen und zum Balancieren, Hüpfen etc. verkümmern.

„Terminator“ von Geburt an?

Es gibt aber auch Kinder, die wenig natürliches Angstempfinden besitzen. Diese Kinder haben in der Regel eine körperliche Wahrnehmungsstörung, das heißt, sie können ihre körperlichen Grenzen und Begrenzungen schlecht wahrnehmen und müssen dies erst „am eigenen Leib“ erfahren.

Allgemein gesprochen ist Angst durchaus etwas Vorteilhaftes. Sie ist ein Alarmzeichen für Gefahr und mobilisiert bei einem Angriff auf Leib und Leben alle zur Verfügung stehenden Kräfte.

Verdrängung und Angstblockaden

Situationen in Familie und Beruf werden oftmals nicht richtig eingeschätzt. Der Grund liegt darin, dass der Betroffene meist vor lauter Angst „nicht wahrhaben“ kann, was uns das Nachdenken eigentlich klar vor Augen führt. Diese Vermeidungsstrategie wird „Verdrängung“ genannt. Ursachen sind negativ besetzte Situationen, in denen wir z.B. als Kind abgewiesen oder angegriffen wurden oder in denen wir uns innerlich zurückgewiesen gefühlt haben. Wird nun ausgerechnet in einer angstbesetzten Situation eine Entscheidung oder Handlung verlangt, kann es zu einer Angstblockade oder Denkhemmung kommen.

Ein Mann wurde in seiner Kindheit beim Vortragen eines Gedichts ausgelacht, weil er vor Aufregung den Text vergessen hatte. Als Erwachsener ist er nun nicht in der Lage, frei vor anderen zu sprechen oder spontan bei einer Diskussion das Wort zu ergreifen. Die Kehle ist wie zugeschnürt.

Von Denkhemmungen sind wir alle betroffen, ob Kind oder Erwachsener. Aber Kinder können natürlich weniger damit umgehen und reagieren entsprechend „pur“.

Denkhemmungen und Angstblockaden vermeiden

Wichtig ist es, dass wir Erwachsenen für Kinder eine Atmosphäre schaffen, in der sie sich angenommen fühlen. Das heißt, dass sie sicher wissen, dass sie niemals physisch oder psychisch in ihrer Würde verletzt werden. Bemerkungen wie „Lass dass, das kannst du sowieso nicht!“ oder Spott sind Gift für die Kinderseele. Diese Verletzungen werden im emotionalen Erfahrungsgedächtnis gespeichert. In einer neuen, ähnlichen Situation können die Kinder dann nicht selbstbewusst und frei handeln, sondern sind negativ konditioniert und blocken ab. Besonders schlimm ist dies, wenn es um soziale Kontakte in Kindergarten und Schule geht. Eltern und Pädagogen müssen versuchen, Kindern eine angstfreie Lebens- und Lernatmosphäre zu bieten, sonst wird der Besuch von Kindergarten und Schule zu einem großen Problem.

Übertragene Angst
ist ein nicht zu unterschätzender Faktor in der Erziehung. Phobien, Abneigungen gegen bestimmte Tiere, Pflanzen, Menschen, Kleidung und Essen übertragen sich unbewusst auf unsere Kinder.

Ich selbst litt unter einer Arachnophobie (Angst vor Spinnen), die, wie ich jetzt weiß, uns allen mehr oder weniger angeboren ist. Diese wurde genährt durch meinen Bruder, der mir während meiner Kindheit ständig Geschichten von Spinnen erzählte, die in Hubschraubern ihren fantastischen Abenteuern entgegenflogen und die unglaublichsten Dinge erlebten. Meine eigene Fantasie war dadurch so angeregt, dass ich nicht mehr einschlafen konnte, wenn sich einmal eine kleine Spinne in mein Zimmer verirrt hatte. Als ich dann selbst Kinder bekam, wurde mir bewusst, dass ich „cool" auf Spinnen reagieren muss, damit meine Kinder sich das nicht auf einer unbewussten Ebene aneignen. Ich gebe zu, dass so manche Spinne im Staubsauger verschwunden ist, aber die „Glas-Überstülp-Methode" ist mittlerweile ein bewährtes Anti-Spinnenmittel, und Weberknechte fasse ich inzwischen sogar mit den Fingern an.

Andererseits ist es auch wichtig, Kindern zu zeigen, dass auch wir Erwachsenen Angst haben. Es ist gut für sie, an uns quasi modellhaft zu sehen, wie man mit Angst umgehen kann. Und manchmal haben Kinder vor dem, was Erwachsene ängstigt, gar keine Angst und können trösten.

Angst vor Strafe
Kinder bis zum siebten Lebensjahr müssen erst die moralischen Richtwerte ihres sozialen Umfelds kennen lernen. Sie besitzen kein angeborenes Wertesystem, sondern lernen dessen Grundlagen während der ersten sieben Lebensjahre. Aus diesem Grund sind Vorbilder wichtig, die Kindern die Grundlagen ihrer emotionalen Intelligenz authentisch vermitteln.

Kinder bis zum Alter von ca. sieben Jahren haben kein „echtes" schlechtes Gewissen – das bildet sich erst später aus –, sondern sie haben Angst vor der Strafe. Diese Angst wird immer größer, je stärker die Eltern und Bezugspersonen auf ein aus ihrer Sicht schlimmes Fehlverhalten reagieren. Besser ist es, mit dem Kind darüber zu sprechen, warum es etwas angestellt hat, und ihm den eigenen Standpunkt klar zu machen.

Der vierjährige Tom räubert das Osternest seines Bruders aus. Schreiend läuft der dreijährige Paul mit dem leeren Nest zur Mutter. Tom schlägt die Arme vor dem Körper zusammen und setzt eine finstere Miene auf. Er geht auf Abwehrhaltung. Die Mutter kommt mit seinem Bruder zurück und erklärt ihm, dass er es doch auch nicht so gut finden würde, wenn Paul einfach seine Schokoladeneier gegessen hätte. Tom muss sich bei Paul entschuldigen, und Paul bekommt den letzten Osterhasen von Tom als Entschädigung.

Angst vor dem Verlassenwerden

Kinder brauchen einen Rahmen, nicht nur in Bezug auf ihr Verhalten, sondern auch in der Struktur von Tagesabläufen. Da Kinder bis zum Alter von fünf Jahren noch keinen wirklichen Zeitbegriff haben, brauchen sie verlässliche Strukturen und Rhythmen am Tag. Kommt es durch bestimmte Umstände zu einer Verspätung – zum Beispiel muss das Kind im Kindergarten auf die Mama warten, weil sie im Stau steht –, kann dies im Kind plötzliche Verhaltensänderungen bewirken. Das Kind klebt nun regelrecht an Mutters Rockzipfel und muss das Vertrauen in die Verlässlichkeit auf emotionaler Ebene erst wieder zurückgewinnen.

Dies kann sich sogar auf das Traumverhalten des Kindes auswirken. Alpträume vom Verlassenwerden und Alleinsein sind für Kinder sehr schlimm und sie brauchen nach einem solchen Traum sehr viel Wärme und Geborgenheit. Weint Ihr Kind nachts, trösten Sie es. Sie geben ihm dadurch die Sicherheit „Ich bin für dich da!". Außerdem ist die Geborgenheit, die es durch den körperlichen Kontakt erfährt, von enormer Wichtigkeit. In Ihrer Nähe und durch Ihre emotionale Zuwendung kann sich das gequälte Kinderherz beruhigen. Gehen Sie auf die Ängste Ihres Kindes ein. „Komm, wir kuscheln ein bisschen, und wenn du schläfst, beschütze ich dich vor den bösen Träumen!" ist besser als lapidar zu sagen: „Sei nicht albern, das war doch nur ein Traum."

Kinder in den ersten sechs bis acht Lebensjahren kennen den Unterschied zwischen Wirklichkeit und Traum noch nicht.

Entwicklungsbedingte Angst

Ein Neugeborenes ist es nur für kurze Zeit ausschließlich von der Zuwendung und den Reizen abhängig, die ihm seine Bezugspersonen vermitteln. Bald fängt es an, mit den Augen zu fixieren (ab dem 3. Monat) und gleichzeitig die Welt im wahrsten Sinne des Wortes zu „be-greifen". Dieser Prozess der Ablösung ist unaufhaltbar, denn sonst könnte sich das Kind nicht zu einem erwachsenen Menschen entwickeln. Die Grundlage einer gesunden Ablösung in altersentsprechenden kleinen Schritten ist eine gute emotionale Bindung zu den Bezugspersonen. Kinder müssen ihren Eltern nah sein können, sei es in Gesprächen, bei Unternehmungen oder einfach in Momenten, in denen geschmust wird und in denen die Kinder die körperliche Nähe ihrer Eltern genießen können. Es ist durchaus normal, dass ein Kind selbst noch mit 12 Jahren gerne auf dem Schoß der Eltern sitzen möchte (natürlich nicht, wenn die Freunde und Freundinnen dabei sind).

Angst tritt meistens dann auf, wenn in der Entwicklung und im Leben von Kindern etwas Altes zu Ende geht und etwas Neues beginnt (das gilt übrigens ganz genauso für uns Erwachsene, nur haben wir inzwischen gelernt, mit solchen Situationen umzugehen). Die kindliche Angst hat also zum einen mit konkreten Veränderungen der Lebenssituation des Kindes zu tun (Umzug, Tod, Trennung der Eltern), aber auch mit ganz normalen entwicklungsbedingten Prozessen. Immer wieder gibt es auch in der normalen Entwicklung von Kindern konfliktträchtige Phasen. Zum Beispiel die Trotzphase, in der das Kind sich ganz bewusst der Macht der Erwachsenen entzieht. Es erlebt zum ersten Mal das Bewusstsein seiner eigenen Identität, seines „Ich". Gleichzeitig bekommt es Angst, von seinen Eltern verlassen zu werden.

Das kann sich auf das Traumverhalten des Kindes auswirken. Monster und Konsorten belagern in dieser Zeit das Kinderzimmer und verstecken sich in allen Ecken.

Ekelmonster unterm Bett

Sehr viele Kinder leiden unter der Angst vor Monstern. Diese Angst kann schon beim Zu-Bett-Gehen auftauchen oder sich dann kurze Zeit später in Alpträumen niederschlagen. In mehr als der Hälfte aller Alpträume sind Kinder auf der Flucht. Etwa 40 Prozent der Kinder zwischen sechs und elf Jahren haben gelegentlich Alpträume, fünf Prozent einmal pro Woche oder häufiger. Solange es bei einmal wöchentlich bleibt und die Kinder keine Angst vor dem Einschlafen haben, besteht kein Grund zu übertriebener Sorge. Der Grund für diese Form „bildhafter“ Angstgestalten liegt darin, dass die Kinder einen Ausdruck ihrer unbewussten Ängste benötigen. Diese werden dann in Form von nächtlichen Schreckensgestalten ausgelebt. Auch hier gilt: Niemals nur sagen: „Es gibt keine Monster!“ Kinder können bis zum Alter von etwa acht Jahren den Unterschied zwischen Traum und Wirklichkeit nicht richtig erfassen.

Märchen gegen Ängste

Es ist wichtig, dass Kinder Märchen vorgelesen bekommen, weil Märchen viele Aspekte der kindlichen Gefühlswelt symbolhaft vor Augen führen. Negative und positive Aspekte kommen darin sozusagen in „Reinstform“ vor, so z.B. in den Figuren der bösen Königin, des guten Schneewittchens oder des Rotkäppchens gegen den bösen Wolf. Sehr wichtig ist, dass alle Märchen ein glückliches Ende haben. Dies ist für Kinder von besonderer Bedeutung und gibt ihnen ein Urvertrauen ins Leben. Wichtig ist, dass die Märchen vorgelesen – und nicht per CD oder MC vorgespielt – werden, denn nur die Vorlesesituation vermittelt Kindern Nähe und Geborgenheit. Märchen geben Kindern die Kraft, sich auf einer halbbewussten Ebene mit den Märchengestalten zu identifizieren und eigene Ängste und Konflikte emotional zu verarbeiten, sich an ihre Eltern zu kuscheln und gegebenenfalls mit ihnen darüber zu sprechen.

So beinhaltet beispielsweise das Märchen vom „Rotkäppchen“ viele Aspekte von Kinderängsten. Ein Aspekt ist, dass Rotkäppchen schon selbstständig von zu Hause weg darf. Es soll jedoch auf den vorgeschriebenen Wegen bleiben. In seiner kindlichen Naivität und Neugierde verlässt es die Wege und pflückt Blumen und lässt sich auf ein Gespräch mit dem Wolf ein (unbekannte Welt, Gefahren außerhalb der bekannten Umgebung). Auch wenn Sie das Märchen zwei Wochen lang immer wieder vorlesen müssen, tragen Sie es mit Fassung, denn das bedeutet, dass Ihr Kind im Märchen genau die Aspekte findet und verarbeitet, die es gerade für sein seelisches Gleichgewicht benötigt oder die es gerade innerlich auf einer unbewussten Ebene sehr beschäftigen. Nicht umsonst propagiert der berühmte Psychoanalytiker Bruno Bettelheim: „Kinder brauchen Märchen“.

So lernt Ihr Kind, bewusst mit seiner Angst umzugehen

Die folgenden Aktionen fördern das differenzierte Wahrnehmen von Ängsten. Dabei wird den Spielenden klar, dass Angst auch ihre guten Seiten hat und uns vor Schaden bewahren kann. Nur wenn wir in der Lage sind, die Angst einzuordnen, geraten wir nicht in Panik, bei der wir kopflos reagieren. Ein Märchen zum Verarbeiten von bedrohlichen Situationen, denen man sich hilflos ausgeliefert fühlt, ist das „Märchen von der verlorenen Lotte". Es folgen ein Rollenspiel und verschiedene Gesprächsvorschläge zum Thema Angst. Dabei können Kinder auf spielerische Weise die verschiedenen Formen von Angst wahrnehmen und unterschiedliche Angstzustände einordnen lernen. Das Herstellen eines Talismans gegen Angst ist für fantasievolle und ängstliche Kinder ein gutes Mittel, um die Angst im wahrsten Sinne des Wortes in den Griff zu bekommen. Ein Vertrauensspiel und zwei Spielformen, in denen die Kinder in die Rolle des Angstmachenden und in die des „Opfer" schlüpfen, fördern auf besonders kindgerechte Weise die Verarbeitung von Angst. Das Lied „Ekelmonster unterm Bett" vollbringt vor allem bei Kindern in der magischen Phase bis zum siebten Lebensjahr wahre Wunder. Denn das Ekelmonster löst sich im Traum in eine Pfütze auf und wurde nicht mehr gesehen.

„Das Märchen von der verlorenen Lotte" (CD/MC, Track 19)

Die Hauptdarsteller des Märchens, Lotte und der Nachtschrat, lernen, bewusst und jeder auf seine Weise mit der Angst umzugehen. Und wie jedes Märchen hat auch dieses ein gutes Ende. Das Märchen eignet sich ganz allgemein zum Vorlesen oder eben im Speziellen für konkrete Situationen, bei denen Ihr Kind Angst spürt, wie manchmal beim abendlichen Zu-Bett-Gehen. Lesen Sie das Märchen nicht zu dramatisch, sondern mehr neutral. Die Worte und die Handlung allein wirken schon stark genug auf die Fantasie des Kindes ein.

Das Märchen von der verlorenen Lotte

Es war einmal ein Mädchen, das hieß Lotte. Eines Tages sprachen die Eltern zu Lotte: „Die Tante hat einen Brief geschickt und gefragt, ob du sie besuchen möchtest. Das erlauben wir dir gerne." Lotte hüpfte vor lauter Freude in der Stube umher. Am nächsten Tag machte sie sich auf den Weg. Es war zwar nicht weit bis zur Tante, aber doch weit genug für die kleine Lotte. Deshalb war sie nach einiger Zeit ganz müde und legte sich einfach unter einen Baum, wo sie einschlief. Plötzlich erwachte sie wieder und bemerkte, dass es schon dunkel war. Lotte erschrak und fürchtete sich sehr. Ängstlich saß sie da und lauschte den geheimnisvollen Geräuschen, die aus dem Wald kamen.

Dann entdeckte sie in der Ferne ein Licht und ging darauf zu. Das Licht kam aus dem Fenster einer kleinen Hütte. Lotte war zu klein, um in das Fenster hineinschauen zu können, und klopfte mutig an die Tür. Da erklang eine fürchterlich laute Stimme: „Wer wagt es, mich zu stören?“, und die Tür wurde mit einem Ruck aufgerissen. Lotte stand starr vor Angst. Nichts tat sich. Die Stimme schwieg. Lotte wäre am liebsten vor Angst davongelaufen, aber alleine wollte sie nicht in den dunklen Wald zurück. Sie fasste sich ein Herz und ging vorsichtig in die Hütte hinein.

Dort entdeckte sie eine kleine schwarze zottelige Gestalt, die ängstlich in einer Ecke kauerte. „T-t-tu mir nichts!“, stammelte die Gestalt. Da fiel Lotte ein Stein vom Herzen, hatte sie doch selbst so große Angst gehabt, wer wohl in dieser Hütte lebte.

Sie sagte beruhigend: „Vor mir brauchst du keine Angst zu haben. Ich bin Lotte und habe mich verlaufen.“ Die dunkle Gestalt kroch aus der Ecke hervor und begann kläglich zu jammern: „Huhuuh, ich bin der Nachtschrat und soll eigentlich allen Leuten in der Nacht Angst machen. Doch ich habe selbst sooooo viel Angst. Hu-hu-hu-hu-huuh! Ich kann nur furchtbar brüllen, wenn ich niemanden sehe. Sobald ich jemanden sehe, habe ich schreckliche Angst. Hu-huuh!“, beendete er sein Geheule. „Warum musst du denn den anderen Angst machen?“, fragte Lotte. „Weil ich ein Nachtschrat bin und ein Nachtschrat macht anderen Angst“, antwortete er. „Dann sei doch einfach ein Tagschrat. So brauchst du niemandem mehr Angst einzujagen“, meinte Lotte. „Hm“, überlegte der Nachtschrat, „da hast du Recht. Ich will ab jetzt ein Tagschrat sein!“ „Ich mag jetzt nicht mehr zu meiner Tante gehen. Kannst du mir helfen, wieder nach Hause zu finden?“, fragte Lotte den Nachtschrat. Der Nachtschrat, der ab jetzt ein Tagschrat sein wollte, versprach, sie bei Tagesanbruch nach Hause zu bringen.

Als die Sonne begann über die Bäume und Hügel zu steigen, machten sich die Beiden auf den Weg. Als sie so wanderten, wurde auf einmal die Haut des Nachtschrats immer heller und heller und schließlich stand ein ganz normaler Junge vor Lotte.

Glücklich nahm ihn Lotte an die Hand, denn einen Bruder hatte sie sich schon immer gewünscht, und die Beiden liefen so schnell sie konnten nach Hause. Dort lebte der Tagschrat glücklich und zufrieden mit Lotte und ihren Eltern und hieß ab jetzt Tobias Tagschrat.

Und manchmal machten sich beide Kinder auf den Weg, um gemeinsam Lottes Tante zu besuchen. Dann bekam Tobias Angst, weil er meinte, seltsame Geräusche aus dem Wald zu hören. Lotte tröstete ihn immer und Tobias Tagschrat war froh, kein Nachtschrat mehr zu sein.

Gedicht: „Kloß im Hals" (CD/MC, Track 17)

Dieses Gedicht benennt das unangenehme Gefühl, wenn man z.B. Angst hat, etwas zu sagen, Angst hat, sich zu wehren. Jeder kennt den Kloß und leider ist es oft so, dass man oft vor Angst wie gelähmt ist und nichts gegen ihn tun kann. Doch nun ergreift in diesem Gedicht der Kloß die Initiative und schildert, wie man ihn am besten wegbekommt. Ein Mut-mach-Gedicht!

„Kloß im Hals"
Der dicke Kloß, ja, das bin ich!
Wer mich mal hat, der ärgert sich.
Über die Lippen kommt kein Wort.
Du willst an einen andern Ort.

Du denkst: „Was mache ich denn bloß
mit diesem dicken, fetten Kloß?
Er steckt ganz tief in meinem Hals.
Gemein drückt er mich jedenfalls!"

Da stehst du ratlos nun und bangst.
Mich aufzulösen geht nur gut
mit einem Riesenberg aus Mut
und einem Fingerhut voll Angst!

Weil du's jetzt weißt, lös ich mich auf.
Spring in dein Leben, spiel und lauf!

Lied „Ekelmonster unterm Bett!" (CD/MC, Track 18)

Angst vor Monstern haben Kinder nicht nur, wenn sie angstbesetzte Situationen erlebt haben, sondern auch dann, wenn sie vor einem neuen Entwicklungs- oder Lebensabschnitt stehen. Diese Angst symbolisiert sozusagen die generelle Angst vor dem Neuen. Im diesem Lied wird die gesamte „Monster-Prozedur" des abendlichen Zu-Bett-Gehens aus der Sicht des Kindes geschildert. Es gibt eine witzige Lösung des Problems: Das Monster löst sich in der vierten Strophe auf und bleibt als Pfütze zurück. Falls Ihr Kind ebenfalls von Monstern belagert wird, singen Sie dieses Lied mit ihm und suchen Sie am nächsten Tag gemeinsam nach Monsterpfützen. Was natürlich nur bei Regen oder mit einer kleinen Vorbereitung klappt.

„Ekelmonster unterm Bett!“

1. Ja, der Tag war wunderschön,
doch jetzt muss ich schlafen gehn.
Papa liest mit mir noch was.
Und wir haben ganz viel Spaß. Doch:

Refrain:
Sind denn da, ganz grün und fett,
Ekelmonster unterm Bett?
Ja, das find ich gar nicht nett,
Ekelmonster unterm Bett!

2. Papa, lass das Licht noch an,
damit ich besser schlafen kann.
Ängstlich leucht ich unters Bett,
Monster sind vielleicht ganz nett? Denn:

Refrain:
Sind denn da, ganz grün und fett,
Ekelmonster unterm Bett?
Ja, das find ich gar nicht nett,
Ekelmonster unterm Bett!

3. Mama, gibt mir einen Kuss,
mit Monsterjagen ist jetzt Schluss.
Und ich schlafe schließlich ein,
träum vom Spiel im Sonnenschein. Doch:

Refrain:
Sind denn da, ganz grün und fett,
Ekelmonster unterm Bett?
Ja, das find ich gar nicht nett,
Ekelmonster unterm Bett!

4. Kommt ein Monster auf mich zu,
schmilzt blitzschnell – ist weg im Nu!
Morgens lauf ich aus dem Haus,
schau nach Monsterpfützen aus! Ja:

Refrain:
Jetzt sind nicht mehr, grün und fett,
Ekelmonster unterm Bett!
Ja, das find ich ziemlich nett,
keine Monster unterm Bett!

Familiengespräch: „Angst ist manchmal gut!“

Zuerst einmal werden Situationen gesammelt und besprochen, bei denen Kinder wie auch Erwachsene Angst bekommen. Die Kinder sollen lernen, die Angst in manchen Situationen bewusst wahrzunehmen und entsprechend zu handeln. Jedes Familienmitglied versucht, sich in eine Situation hineinzuversetzen und zu sagen, wie es reagieren würde. Dann wird seine Lösung mit den anderen gemeinsam besprochen.

Beispielsituationen für Kinder können sein:

- Du wachst nachts auf, weil du ein komisches Geräusch gehört hast. Draußen stürmt und blitzt es! Was machst du?
- Du hast den Ball über den Zaun zum Nachbarn geschossen. Der ist aber immer böse und schimpft! Traust du dich, den Ball zu holen?
- Du hast gerade Inline-Skater fahren gelernt und stehst an einer steilen Straße. Fährst du runter?
- Du bist mit deinem Papa im Zoo und betrachtest die lustigen Affen. Als du dich umdrehst, ist Papa schon weitergelaufen. Was machst du?
- Du musst in den Keller, um Wasser zu holen. Aber du hast Angst davor, weil es dort so komische Ecken gibt und es ziemlich dunkel ist. Gehst du trotzdem?

Rollenspiel: „Mut tut gut!“

Zuerst besprechen Eltern und Kinder, welche Dinge es sind, die ihnen Angst machen. Das folgende Spiel kann mit dem vorhergehenden Familiengespräch zum Thema „Angst ist manchmal gut!“ verbunden werden, indem die dort geschilderten Situationen hier im Rollenspiel nachgespielt werden.

Beispielsituationen können sein:

- an einem bellenden und knurrenden Hund vorübergehen;
- auf einen hohen Baum klettern;
- über die Straße gehen;
- nachts alleine im Bett liegen;
- lange auf die Mama/den Papa warten.

Gemeinsam werden, soweit dies möglich ist, verschiedene Situationen nachgespielt. Zum Beispiel kann Ihr Kind einmal den Hund spielen und einmal das Kind, das Angst vor dem Hund hat, aber an diesem unbedingt vorübergehen will, um z.B. seinen Ball zu holen. Sie können die befahrene Straße mit Stühlen und Seilen darstellen und Eltern und Geschwister spielen die Autos, die hin und her fahren. Das Kind steht am Zebrastreifen. Es schaut rechts – links – rechts und erst wenn kein Auto kommt, geht es hinüber.

Ein Talisman: Der Mut-Stein

Das Kind sucht sich auf einem Spaziergang einen „Mut-Stein“. Dieser wird gut gesäubert. Man kann ihn anschließend bemalen und mit Klarlack lackieren. Ihr Kind kann ihn dann immer bei sich tragen und ihn berühren, wenn es in einer Situation ist, die ihm Angst macht. Vielleicht hilft der Stein als Talisman ja wirklich gegen Angst.

Spiel: „Wer hat Angst vor ‚Tobias Nachtschrat‘ und ‚Lotte Nachtschrat‘?“

Wer dieses Spiel schon als Kind in ähnlicher Form gespielt hat, weiß sicherlich noch, wie viel Spaß es gemacht hat, gerade weil ganz spielerisch mit dem Fangen und dem Gefangenwerden umgegangen wird. Beide Rollen, die des Angstmachers und die des „Opfers“, haben ihren Reiz (Angstlust). In diesem Spiel lernt Ihr Kind, auch mit bedrohlichen und Angst machenden Spielverläufen umzugehen und einen Ausweg zu finden.

Zu diesem Spiel werden mindestens vier Teilnehmer benötigt.

Und so gehts:
Ein Kind ist „Tobias Nachtschrat“ (siehe: „Das Märchen von der verlorenen Lotte“), der gerne das Angstmachen üben will. Spielt ein Mädchen die Rolle, heißt sie „Lotte Nachtschrat“. Die Kinder und der Nachtschrat stehen sich auf einem Spielfeld gegenüber. Der Nachtschrat beginnt.
Nachtschrat: Wer hat Angst vor Tobias Nachtschrat?
Kinder: Niemand!
Nachtschrat: Wenn ich aber komm?
Kinder: Wir haben keine Angst!
Nachtschrat: Und wenn ich einen fange?
Kinder: Dann laufen wir!

In diesem Moment laufen die Kinder vor dem Nachtschrat davon. Dabei versuchen sie, an das andere Ende des Raumes zu kommen. Hat ein Kind dieses andere Ende erreicht, ist es in Sicherheit. Alle Kinder, die vorher vom Nachtschrat „erwischt“ und berührt wurden, versuchen nun, in der nächsten Runde die noch freien Kinder zu fangen. Dazu stellen sie sich neben Tobias Nachtschrat auf dessen Seite und rufen seine Sätze mit. Die anderen antworten wie gehabt.

Das Spiel wird so lange wiederholt, bis alle Kinder gefangen sind. Das letzte Kind kann dann der neue Nachtschrat sein.

Spiel: „In der Gespenstereisenbahn“

In diesem Spiel werden durch den Rollentausch die passive Seite – wenn man Angst aushalten und die grusligen Geräusche und Berührungen ertragen muss – und die aktive Seite des Angstmachens bewusst erlebt.

Und so geht's:
In der Wohnung sollte der größte Raum verwendet werden, da dieses Spiel Platz benötigt. Sie brauchen mindestens drei Mitspieler.

Legen Sie die Gespenstereisenbahn mit Seilen oder Tüchern in zwei parallelen, vier bis fünf Meter langen Bahnen. Falls vorhanden, werden Requisiten wie Rasseln, Eisenketten und ein größeres Tuch bereitgelegt. Ihr Kind stellt sich an ein Ende der Gespenstereisenbahn, schließt die Augen und beginnt langsam geradeaus zu laufen. Sie, seine Eltern, beginnen es zu kitzeln und „Gespenster-Geräusche“ von sich zu geben: „Hu-huuh!“ Kichern Sie und streichen Sie mit dem Tuch über Ihr Kind, bis es am anderen Ende der Gespenstereisenbahn angekommen ist. Falls Ihr Kind ab und zu die Augen öffnet, ist dies nicht schlimm, weil es in diesen Momenten Kontrolle über die Situation benötigt. Rollenwechsel.

Spiel: „Hab keine Angst, ich führe dich“ (Ein „Führen-und-Folgen-Spiel“)

Dieses Spiel fördert das Vertrauen in den Spielpartner. Der Führende übernimmt die Verantwortung für den Folgenden. Ein Spiel für zwei Personen, z.B. ein Elternteil und ein Kind. Das Spiel ist jedoch auch für eine größere Gruppe geeignet. Geht die Anzahl der Mitspieler nicht auf, nimmt ein Führender zwei Folgende an die Hand. Das Spiel kann im Garten, auf einer Wiese aber auch in einem geräumigen Zimmer gespielt werden.

Und so geht's:
Die beiden Spielenden, z.B. Mutter und Kind, stellen sich vor, dass sie mit dem Auto unterwegs sind. Das Kind wird von der Autofahrt müde und schließt die Augen. Die Mutter stellt sich mit dem Rücken vor das müde Kind und nimmt seine beiden Hände; sie fährt das Auto mit ihrem Kind darin. Die Mutter führt nun ihr Kind langsam durch den Raum. Sie kann dabei erzählen, was sie so sieht, sie kann die Städte benennen, durch die sie fahren, vielleicht ist es eine Fahrt von der Oma nach Hause, wie schon so oft erlebt. Rollenwechsel.

11 Zeit zu schlafen!

Was Sie wissen sollten

Schlafen will gelernt sein

Eltern gehören einer hartgesottenen Spezies an. Selbst Schlafmangel scheint sie nicht aus der Ruhe zu bringen. Nein, es ist eigentlich wirklich kein Problem, nachts stundenlang mit dem Kind im leichten Wiegeschritt in den schon ausgetretenen Bahnen der Wohnung zu laufen, darauf hoffend, dass die Simulation des intrauterinen Zustandes möglichst einschläfernd wirkt. Weiß man doch schon vor der Geburt des Kindes, dass es manchmal Probleme mit dem Schlafen geben wird.

Doch irgendwann findet man sich kalt und steif zum Bettvorleger mutiert vor dem Kinderbettchen wieder, in der Hand die durch die Stäbe gereichte Kinderhand. Nun ist die Schmerzgrenze erreicht: „Noch so eine Nacht und ich flippe aus!“, schießt es einem durch den Kopf.

Solche Erlebnisse sind normal. Es gibt selten Kinder, die nicht zeitweise Schlafprobleme haben. Aber in vielen Familien herrscht in Bezug auf das Thema „Schlafen“ ein permanenter Ausnahmezustand, weil die Kleinen entweder nicht einschlafen oder nach einigen Stunden Schlaf wieder hochschrecken und sich nicht wieder beruhigen können. Wenn Kinder sich nicht vom Tag verabschieden können, fühlen sich Eltern oft machtlos. Ein kleiner Trost für diese Eltern: es geht zwanzig Prozent aller Eltern so, denn jeder fünfte Säugling kann im Alter von zwölf Monaten noch nicht durchschlafen.

Schlafen Kinder anders als Erwachsene?

Kinder sind anders, auch beim Schlafen. Nicht nur, dass ihre Stoffwechselvorgänge schneller vor sich gehen als bei Erwachsenen, sie schlafen auch deutlich tiefer und länger, dabei träumen sie mehr und reagieren wesentlich empfindlicher auf zu wenig Schlaf. Der Schlaf wechselt immer zwischen Leichtschlaf zu Tiefschlaf und vom Tiefschlaf in den Traumschlaf. Kinder durchlaufen diesen Wechsel alle 45 Minuten, Schulkinder schon alle 65 Minuten und Erwachsene alle 90 Minuten. Mindestens sechs bis acht mal pro Nacht wechselt ein Kind diese Phasen und wacht dazwischen öfter einmal auf – oftmals mit Problemen, wieder in den Schlaf zurückzufinden. Es ist also nicht ungewöhnlich, wenn Babys nach zwei oder drei Zyklen wach werden. Das Wimmern und leichte Weinen der Babys und mancher Kleinkinder ist nur als eine Vorstufe zum Wiedereinschlafen zu sehen. Eltern schaffen aus übertriebener Fürsorge Schlafprobleme, wenn sie dann ihr Kind vorschnell auf den Arm nehmen und füttern. Also immer die Ohren gespitzt haben, aber erst mal zwei bis drei Minuten abwarten!

Die beste Regeneration haben Kinder und auch Erwachsene vor Mitternacht. Hormone wie das Wachstumshormon und die körpereigenen Abwehrkräfte werden in der Tiefschlafphase produziert und ausgeschüttet. Außerdem werden in der Tiefschlaf- und in der Traumphase im Gehirn sämtliche Eindrücke des Tages verarbeitet und gespeichert und unwichtige gelöscht. Schläft Ihr Kind zu wenig, ist es durch die fehlenden Tiefschlafphasen nicht in der Lage, die Fülle von Sinneseindrücken und Emotionen über Träume zu verarbeiten. Dies wirkt sich dann tagsüber in Konzentrationsstörungen, Stimmungsschwankungen mit Ängsten, Aggressivität und in schlechter Gedächtnisbildung aus. Achten Sie deshalb nach Festen, bei denen Ihr Kind etwas länger auf sein durfte, unbedingt auf ausreichenden Schlaf.

Wie viel Schlaf braucht mein Kind?

Die Länge des empfehlenswerten und notwendigen Schlafs wird nach Alter und der Dauer (über den Tag verteilt) der Schlafzyklen berechnet:

- 18 Stunden Schlaf in den ersten drei Lebensmonaten
- 16 bis 14 Stunden bis zum Alter von zwölf Monaten (ca. 11 Stunden in der Nacht)
- 14 bis 12 Stunden zwischen ein und drei Jahren (ca. 11 Stunden in der Nacht)
- 12 bis 11 Stunden zwischen drei und fünf Jahren
- 11 bis 10 Stunden ab fünf bis zehn Jahren

Ab dem Alter von drei Jahren *kann* ein Kindergartenkind auf seinen Mittagsschlaf verzichten, muss es aber nicht.

Natürlich gibt es die „Lerchen“, sie stehen früh auf, gehen aber auch entsprechend früh abends ins Bett. Dagegen haben es die „Eulen“ schwer, frühzeitig den Weg ins Bett zu finden. Allerdings gibt es auch Kinder, die im Kleinkindalter zum Beispiel nur mit 8 Stunden Schlaf in der Nacht auskommen.

Trennungsängste als Einschlafhürde

Ganz grundsätzlich verbergen sich hinter den Einschlafschwierigkeiten bei Kleinkindern fast immer Trennungsängste, denn alleine einschlafen bedeutet, sich trennen zu können von den Eltern und der vertrauten Umgebung. Das Loslassen von der gewohnten Umgebung und von den Bezugspersonen macht kleinen Kindern Angst. Jedoch kann das Loslassen-Können tagsüber trainiert werden. Bei kleineren Kindern kann man das beispielsweise durch ein Versteckspiel üben. Die Kinder halten sich die Hände vors Gesicht, denken, sie seien unsichtbar, und jauchzen, wenn sie wieder „gefunden" werden. Dies schafft ein Urvertrauen.

Wenn bei Veränderungen der Lebenssituation die Nacht zum Schreckensgespenst wird

Vor allem wenn sich Veränderungen im familiären Bereich (beispielsweise durch die Geburt eines Geschwisterchens) ergeben oder wenn sich ein Entwicklungsschritt anbahnt, ist es normal, wenn bis zu diesem Zeitpunkt gut schlafende Kleinkinder wieder zu Problemschläfern werden. Durchbrechende Zähne bereiten allerdings selten mehr als zwei bis drei Nächte hintereinander Schmerzen und damit Schlafprobleme. Doch große Schritte in der Entwicklung des Kindes wie Krabbeln, Sitzen oder Laufen lernen sind Entwicklungsschritte, die durchaus Schlafprobleme verursachen können. Tagsüber entdeckt der kleine Racker die Welt und wird mit jedem Tag selbstständiger, und am Abend kann er Mama nicht nahe genug sein. Ab dem Alter von drei bis vier Jahren fängt Ihr Kind an, die Erlebnisse des Tages nachts emotional zu verarbeiten. Wird es gegen Abend schläfrig, nimmt seine Fähigkeit ab, Angst machende und bedrohliche Gefühle und Gedanken zu verdrängen. In diesem Alter können Kinder diese Gefühle jedoch noch nicht vom Verstand her einordnen. Stattdessen haben sie Angst vor Monstern und Ungeheuern.

Schlechte Träume

In der zweiten Nachthälfte tauchen bei Kindern im Alter zwischen drei und sechs Jahren oftmals Alpträume auf. Dabei wird das Kind mit Stresshormonen nahezu überschüttet. Sein Atem wird schneller und flacher, und seine Herzfrequenz steigt an. Vom Horrorfilm im Kopf wacht es schließlich auf. Es nützt nichts, wenn Sie ihm erklären, es hätte nur geträumt. In den ersten sechs bis acht Jahren kennen Kinder den Unterschied zwischen Wirklichkeit und Traum noch nicht. Anstatt dessen Existenz zu bestreiten, sollten Sie das Monster unter dem Bett notfalls mit einem Besenstiel verjagen. Gegen die allumfassende Macht der Eltern sind in Kinderaugen selbst Geister chancenlos (siehe auch Kapitel 10: „Ich darf Angst haben", Seite 129).

Wenn Kinder gerne bei den Eltern schlafen

Zu diesem Thema gibt es letztlich drei Positionen. Erstens die totale Ablehnung von Kindern im elterlichen Bett, zweitens die Erlaubnis, dass das Kind bei Krankheit und psychischen Ausnahmesituationen dort schlafen darf und drittens die völlige Akzeptanz, dass das Kind im elterlichen Bett schlafen darf, wann immer es das will. Eine Langzeitstudie an der Universität von Kalifornien bewies, dass diejenigen Befragten, die als Kind bei den Eltern geschlafen haben, nicht häufiger über Schlafstörungen, Schlafschwierigkeiten, sexuelle Störungen oder Beziehungsprobleme klagten als jene, die stets im eigenen Bett geschlafen hatten. Auch bei Alkohol- und Zigarettenkonsum, Drogenmissbrauch, Gewaltbereitschaft oder Selbstmordversuchen stellten die Forscher keine Unterschiede fest.

Fazit: Wenn Kleinkinder gerne mal unter die Decke von Mama und Papa schlüpfen, haben sie deswegen als Erwachsene keine psychischen Probleme. Ein Säugling sollte allerdings auf keinen Fall während der ersten drei Monate bei seinen Eltern schlafen, denn die Gefahr, das Kind zu ersticken, ist einfach vorhanden. Der Säugling wird einfach nach dem Stillen oder dem Fläschchen geben wieder in sein Bett zurückgelegt. Letztendlich müssen Eltern ihren eigenen Weg finden, wie weit ihre Bereitschaft, das Elternbett mit den Kindern zu teilen, geht.

Ist das Fernsehen schuld?

Bei Einschlafproblemen ist oftmals die Reizüberflutung durch das Fernsehen schuld. Kein Wunder, dass viele Kinder morgens schlapp und müde sind, denn mehr als die Hälfte der Erstklässler und schon vier von fünf Viertklässlern sitzen jeden Abend vor der Flimmerkiste. Jedoch ist das Fernsehen nicht unbedingt für schlechte Träume verantwortlich zu machen, aber für das Zuviel an Träumen. Zu viele Träume, durch eine Überlastung der Sinne, verhindert, dass sich Kinder im Tiefschlaf genügend erholen können. Das bedeutet Schwerstarbeit für Herz, Lunge, Gehirn, Gefäßsystem und für die Seele.

„Normale“ kindliche Schlafstörungen

- Im Alter von ungefähr drei Monaten erst hat ein Säugling gelernt, sich der Umwelt anzupassen. Im Klartext heißt das für ihn, dass es günstiger ist, in der Nacht zu schlafen als am Tag, weil tagsüber schneller jemand da ist, der sich um ihn kümmert. Dabei sollten sich Eltern vom leichten „Einschlaf“-Weinen ihres Kindes nicht irritieren lassen. Es gehört zum Einschlafritual des Babys.
- Während der Nacht treten bei Kindern, ohne dass sie unter starken seelischen Problemen leiden müssen, im Alter vom dritten bis zum siebten Lebensjahr Alpträume auf, vor allem in der zweiten Nachthälfte.
- Ein besonders ungewöhnliches Schlafverhalten von Kindern kann Eltern regelrecht in Panik versetzen. Zwischen dem zweiten und sechsten Lebensjahr können die so genannten plötzlichen Schreie des Pavor-Nocturnus-Anfalles einsetzen, manchmal auch in Verbindung mit Nachtwandeln. Gerade die plötzlichen Schreie sind in den meisten Fällen ein normales Entwicklungsphänomen. Sie treten in der Regel vor Mitternacht auf.
- Nachtwandeln (Somnambulismus) kann auch genetisch bedingt sein sowie bei bestimmten Belastungen und Mondkonstellationen auftreten.
- Als weitere ungewöhnliche Verhaltensweisen im Schlaf gibt es das Zähneknirschen und das laute Sprechen im Schlaf.

So klappt es mit dem Schlafen

Müdigkeitsphasen abpassen

Wenn sich Ihr Kind die Augen reibt, gähnt und unleidlich wird, die Augen etwas starr und trübe werden, durchläuft es gerade eine Müdigkeitsphase, die von seinem Körper gesteuert wird. Kinder haben diese Phasen während des gesamten Tages, und zwar immer zur ungefähr gleichen Uhrzeit. Das bedeutet, dass sich der Tagesrhythmus an den Müdigkeitsphasen der Kinder orientieren soll, damit das Kind ausreichend Ruhe und Regeneration bekommt. Wenn die Müdigkeitsphase allerdings übergangen wird und das Kind immer noch wach ist, sorgt die wachsende Müdigkeit für noch mehr Geschrei. Dadurch wird die Gesamtsituation angespannt und die Wahrscheinlichkeit steigt, dass die gestressten Eltern die nächste Phase wieder verpassen.

Das Zu-Bett-Geh-Ritual als emotionaler Anker

Sie kennen es vielleicht selbst, wenn Sie zum Beispiel von einem Treffen, einem Kurs oder einem Konzert abends nach Hause kommen, können Sie nicht sofort ins Bett gehen, sondern müssen einfach noch in den vertrauten vier Wänden zur Ruhe kommen. Nach vielleicht einer Stunde sind Sie bereit, ins Bett zu gehen, und können einschlafen. Das gleiche gilt für die Kinder, nur dass wir Erwachsenen einen anderen Rhythmus haben und eigentlich nicht um 18:00 Uhr den Tag ausklingen lassen möchten. Kinder, deren Eltern sich im Tagesablauf nicht an diese Regel halten, werden automatisch Probleme mit dem Einschlafen bekommen. Schuld sind wirklich nicht die Kleinen, sondern das Nichtakzeptieren der Eltern von Gesetzmäßigkeiten, die in der Natur des Kindes liegen. Es ist besonders günstig, wenn sich die Eltern darauf einstellen, dass sie sich am frühen Abend intensiv, aber ruhig mit ihren Kindern beschäftigen, um ihnen Geborgenheit zu vermitteln. Rituale erleichtern die Bereitschaft des Kindes, den Tag loszulassen und in das Reich der Träume zu wandern. Noch besser klappt es mit dem Zu-Bett-Gehen, wenn diese Zeit einen immer gleichen bleibenden Ablauf hat. Außerdem ist ein einfühlsames Abendritual eine wunderbare Möglichkeit, noch einmal intensiv mit Ihrem Kind zusammen zu sein. Nicht zu vergessen: Eltern beschenken sich damit sogar selbst. Nach einem hektischen Tag gibt es dann genug Zeit für Gespräche und fürs Schmusen. Denn vor allem für berufstätige Mütter und Väter ist die Einschlafzeremonie meist die einzige Möglichkeit, ein paar intensive Minuten mit ihren Kindern zu verbringen.

Kinder spüren und genießen die Wärme und Geborgenheit, und ihr Vertrauen in die Welt wird dadurch sehr gestärkt. Außerdem sind sie dadurch für die dunkle Nacht noch besser gewappnet und Ausnahmen, zum Beispiel bei Festen und Reisen, sind dann wesentlich besser mit den Kindern zu gestalten.

Beispielhaftes Abendritual für Kindergartenkinder

Ein bis anderthalb Stunden vor Beginn der Schlafenszeit sind alle Aktivitäten des Tages wie Einkaufen, Freunde besuchen, draußen spielen beendet. Das Abendessen wird vorbereitet, die Kinder räumen eventuell mit Hilfe eines Elternteiles ihr Zimmer auf, damit Mama oder Papa zum Vorlesen kommt. Anschließend wird gemeinsam Abendbrot gegessen und dann folgt die übliche Körperpflege für die Nacht. Die Kinder suchen sich ein Buch zum Vorlesen heraus. Sie malen oder puzzeln noch, bis Mama oder Papa zum Vorlesen kommt. Nun lassen sich die Eltern mindestens dreißig Minuten Zeit, in denen sie ihrem Kind etwas vorlesen, miteinander kuscheln, ein Gutenachtlied singen. Dann schläft das Kind in seinem eigenen Bett ein.

Nützliche Helfer zum Einschlafen vermitteln Sicherheit und Geborgenheit

- An erster Stelle steht natürlich das allerliebste Kuscheltier. Es vermittelt Ihrem Kind Trost und Geborgenheit, denn das Kind hängt mit jeder Faser seines Herzens an diesem Lieblingskuscheltier oder der Lieblingspuppe.
- Eine kleine Lampe, die ein mildes und angenehmes Licht verbreitet (z.B. eine Salzkristalllampe), vertreibt die unsichtbaren Gespenster, die den Vorhang aufbauschen. Ein kleiner Spalt in der Tür kann zusätzlich helfen.

Wichtig: Selbst Kraft tanken

Es gibt einfach Phasen, in denen ist das Leben mit Kindern sehr anstrengend. Wechseln Sie sich mit Ihrem Partner bei der nächtlichen Betreuung ab. Auch bei den Abendritualen, wobei es für Kinder sehr schön ist, wenn sich derjenige Elternteil, der tagsüber nicht zu Hause ist, um sie kümmert. Es ist eine ideale Situation, um die emotionale Bindung zu festigen. Und es macht beiden Seiten Spaß!

Wichtig ist, dass Eltern in der Lage sind, über den familiären Tellerrand zu schauen. Es gibt auch ein Leben außerhalb der Familie. Die Partner sollten sich ab und zu einen Babysitter leisten können, denn nur so können sie ihre Partnerschaft außerhalb ihrer Familiensituation erleben, was der Beziehung nur zugute kommen kann.

Checkliste für mögliche Ursachen von Schlafstörungen

- Das Schlafbedürfnis ist verschieden
  Das erste Kind ist kein Maßstab für das Schlafverhalten des zweiten Kindes. Je nach Charakter und Temperament sind auch schon Säuglinge unterschiedlich in Bezug auf ihr Schlafbedürfnis.

- Reizüberflutung
  Vermeiden Sie zu schrille und bunte Bettwäsche, Spielzeug und Möbel. Diese sind zwar hübsch und Kinder lieben sie, sie bedrängen jedoch ein Kind mit Einschlafproblemen mit starken visuellen Reizen, lenken es immer wieder ab und halten es dadurch wach.
  Wenn Ihr Kind vor dem Schlafengehen fern sieht, dann bitte nur kindgerechte und kurze Sendungen wie das Sandmännchen. Alles andere löst in den Kindern zu starke Emotionen und Sinneseindrücke aus, die es dann nicht mehr zur Ruhe kommen lassen.

- Belastende Erlebnisse und Stress
  Besonders wenn Ihr Kind einen Trauerfall miterlebt hat oder andere schlimme Situationen wie Unfälle, Streit und Gewalt, müssen Sie besonders viel Geduld für es aufbringen. Geben Sie in solchen Fällen den kindlichen Wünschen nach gesteigerter körperlicher Nähe nach, denn damit geben Sie ihm Geborgenheit für seine Kinderseele.

- Krankheit im Anmarsch?
  Aufkeimende Krankheiten werfen schon Tage vorher ihre Schatten voraus ab und verändern den Stoffwechsel der Kinder. Kinder sind dann besonders nervös und niemand weiß, warum.

- Familiäre Konflikte
  Kinder haben unsichtbare Antennen, mit denen sie familiäre Streitigkeiten, auch unterschwelliger Natur, wahrnehmen. Die Angst vor dem Verlassenwerden oder vor Veränderungen verhindert oftmals einen guten Schlaf.

- Veränderung der Familiensituation
  Kinder fallen bei der Geburt eines Geschwisterchens oftmals eine Entwicklungsstufe zurück. Sie wollen sehen, ob sich die Eltern auch noch um sie kümmern, wenn sie sich so wie das Geschwisterchen verhalten oder eben wie vor ein paar Jahren. Letztlich ist das nur ein Ausdruck für den kindlichen Wunsch nach einer Rückversicherung. Nehmen Sie auftretende Schlafstörungen mit Gelassenheit. Reagieren Sie verständnisvoll und geduldig. Es wird sich wieder legen.

- Rhythmusumstellung
  Die Mutter ist wieder berufstätig und muss früher aufstehen – und damit auch das Kind. Das Schlafdefizit muss dann mit einem Mittagsschlaf oder einem früheren Zu-Bett-Gehen ausge-

glichen werden. Nach einer Umstellungsphase von einigen Tagen hat sich das Kind daran gewöhnt.

- Durst und Hunger
  Geben Sie Ihrem Kind ruhig etwas zu trinken, das beruhigt und unterstützt das Einschlafen. Allerdings sollten Sie darauf achten, dass es keine zuckerhaltigen Getränke, wie z.B. Apfelsaftschorle bekommt. Der in diesen Getränken enthaltene Zucker schadet nicht nur den Zähnen, sondern putscht den Stoffwechsel des Kindes nach einiger Zeit wieder auf, sodass es aufwacht.
- Ungünstige Ernährung
  Viele Kinder reagieren auf das Abendessen mit Schlafstörungen. Denn was uns Erwachsenen keine Probleme bereitet, kann für ein Kind schwerverdaulich sein, beispielsweise Säfte, alles rohe Obst und Gemüse oder Schokolade. Deshalb ist es von vornherein günstig, wenn Sie Ihrem Kind leichte „Einschlafkost" anbieten.

So helfen Sie Ihrem Kind, Ruhe und Schlaf zu finden

Für Kinder ist ein gleichbleibendes Abendritual zum Abschaltenkönnen und Abschiednehmen vom Tag unbedingt notwendig. Es gibt ihnen Sicherheit und Geborgenheit. Zur Unterstützung und Erweiterung Ihres abendlichen Zu-Bett-Geh-Rituals können Sie die folgenden Angebote einsetzen. Diese Angebote sind unterschiedlich und abwechslungsreich und erleichtern Ihrem Kind den Schritt in das Land der Träume. Aber Achtung: Falls Sie mit Ihrem Kind die „Kuscheltierschaukel" ausprobieren, passen Sie auf, dass Sie nicht selbst einschlafen.

Lied: „Zeit zu schlafen" (CD/MC, Track 20)

Es ist immer wieder dasselbe. Jeden Abend der gleiche Schlagabtausch: „Komm endlich rein!", „Räum dein Zimmer auf!", bis das Kind endlich im Bett liegt. Das Lied beinhaltet den alltäglichen Machtkampf ab dem Moment, zu dem die Schlafenszeit eingeläutet wurde. Jedes Kind will das Schlafengehen noch hinauszögern. Wichtig ist – und das kommt bei diesem Lied deutlich heraus –, dass es eine bestimmte Zeit für das Kind gibt, zu der geschlafen wird. Da gibt es kein „Wenn" und „Aber". Das Lied gibt Ihnen und Ihrem Kind bei Problemen in der abendlichen Erziehungsphase eine gute Reflexionsmöglichkeit, da jedes Kind die dargestellten Situationen wiedererkennt. Singen Sie das Lied mit Ihrem Kind und sprechen Sie über die gerade mit ihm erlebte Situation. Die Identifikation ist auf beiden Seiten, Eltern wie Kinder, sehr groß, und Sie können vielleicht sogar gemeinsam schmunzeln.

„Zeit zu schlafen“

1. Heute ist ein schöner Tag,
ich kann spielen, was ich mag.
Toll‘ mit Freunden rund ums Haus,
hecke kleine Streiche aus.
Papa ruft: „Komm jetzt mal rein.
Abendbrot, das muss jetzt sein!“

Refrain:
„Hör mit Spielen auf.“ – „Will noch spielen!“
„Räum dein Zimmer auf.“ – „Mach ich gleich.“
„Bist du jetzt so weit?“ – „Bin gleich fertig.“
„Jetzt ist Schlafenszeit.“ – „Bin nicht müd!“

2. Und im Zimmer „Kunterbunt“,
geht es noch mal richtig rund!
Hüpfe auf dem Bett herum,
das wird Mama bald zu dumm!
Mama ruft: „Hör mir mal zu!
Abendbrot, das muss jetzt sein!“

Refrain:
„Hör mit Spielen auf.“ – „Will noch spielen!“
„Räum dein Zimmer auf.“ – „Mach ich gleich.“
„Bist du jetzt so weit?“ – „Bin gleich fertig.“
„Jetzt ist Schlafenszeit.“ – „Bin nicht müd!“

3. Frisch gewaschen und pappsatt,
lieg ich im Bett und bin ganz platt.
Und die Decke ist ein Nest,
Kuscheltiere schlafen fest.
Mama, Papa – kommt zu mir,
ein Lied singen wünsch ich mir.

Refrain:
„Jetzt ist Schlafenszeit.“ – „Ich bin müde.“
„Du bist jetzt so weit?“ – „Ja, das stimmt!“
„Spätzchen, schlaf jetzt ein.“ – „Mama, Papa.“
„Pflück ein Träumelein“ – „Ich schlaf ein.“

Abendliches Entspannungsritual: „Die Kuscheltierschaukel"

Diese Übung ist ideal für alle Räuber, Racker und überdrehten Ballerinas, die abends nicht zur Ruhe kommen können. Sie dauert drei bis sechs Minuten und ist sehr effektiv. Wenn Sie dieses Entspannungsspiel mit Ihrem Kind machen wollen, ist es wichtig, dass Sie selbst erst mal allen Stress und alle Streitereien von sich abstreifen. Auch Sie müssen Ruhe ausstrahlen, alles andere wäre der Entspannung des Kindes nicht förderlich. Sprechen Sie leise und ruhig, mit einem Lächeln auf den Lippen, dann geht es doppelt so gut.

„Die Kuscheltierschaukel"

Das Lieblingskuscheltier liegt auf dem Bauch Ihres Kindes. Seine Beine sind ausgestreckt und die Arme liegen locker neben dem Körper.
Sie sagen: „Spürst du das Kuscheltier? Versuch es anzuschauen und beobachte, wie sich der Bauch durch das Atmen bewegt. Was macht dein Kuscheltier?"
(Ihr Kind antwortet vielleicht: „Es schaukelt.")
Sie sagen: „Das Schaukeln gefällt deinem Kuscheltier bestimmt sehr! Was macht dein Kuscheltier, wenn ihm das Schaukeln gefällt?"
(Ihr Kind antwortet vielleicht: „Es lacht." oder: „Es schläft ein.").
Je länger Ihr Kind versucht, sein Kuscheltier auf diese Weise zu schaukeln, desto ruhiger wird es. Unbewusst führt es die sehr entspannende Bauchatmung durch, die wir alle automatisch beim Schlafen oder wenn wir entspannt sind, machen. Erzählt Ihr Kind, dass dem Kuscheltier gleich die Augen zufallen, dann spricht es von sich selbst. Fragen Sie dann, ob es noch weitermachen will. Falls nicht, drehen Sie das Kind liebevoll zur Seite. Es wird die Fötungshaltung einnehmen und einschlafen.

Diese Spiel eignet sich sehr gut als zusätzliche Ergänzung zum Einschlafritual, zum Beispiel nach dem Sie eine Geschichte vorgelesen haben. Nach einiger Zeit brauchen Sie nur noch zu sagen: „Dein Kuscheltier wartet schon darauf, von dir geschaukelt zu werden."

Entspannungsrätsel

Das folgende Spiel dreht Ihr Kind nicht auf. Es kann sein, dass es nach dem dritten Rätsel schon richtig müde ist und schlafen will. Entspannungsrätsel bewirken, wie das allabendliche Buchseitenüberfliegen bei Erwachsenen, eine Schlafbereitschaft, weil man auf andere Gedanken gekommen ist. Ihr Kind liegt entspannt im Bett und schließt die Augen. Setzen Sie sich zu ihm und lesen Sie mit leiser und entspannter Stimme folgendes Rätsel vor. Dabei stellt sich das Kind alle Informationen vor seinem inneren Auge vor und kann schließlich, wie bei einem Puzzle, das Rätsel lösen.

Du bist ein Tier ... und hast vier Beine ... du kannst ganz schnell laufen. ... Du hast einen langen Hals, damit du die leckersten Blätter und Früchte oben im Baum fressen kannst. ... Dein Fell sieht schön aus, denn es hat dunkle Flecken mit hellbraunem Rand. ... Wenn du Gras frisst, musst du deine Vorderbeine seitlich abspreizen, weil du sonst nicht auf den Boden kommst. ... Du lebst in Afrika, wo es sehr warm ist. ... Manchmal gibt es Zeiten, in denen es wenig Wasser gibt, ... dann wanderst du weite Strecken zu einem Wasserloch. Welches Tier bist du? (Lösung: eine Giraffe)

Erfinden Sie selbst noch weitere Entspannungsrätsel. Zum Beispiel: ein Fahrrad, eine Puppe, ein Stuhl.

Gutenacht- und Entspannungsgeschichte: „Der Traumbote" (CD/MC, Track 21)

Diese Geschichte eignet sich hervorragend, wenn Ihr Kind Einschlafprobleme hat. Vor allem, wenn es nachts an Alpträumen aufwacht. Machen Sie es sich zum Vorlesen mit Ihrem Kind auf seinem Bett so richtig gemütlich. Schalten Sie eine kleine Lampe an, die alles warm beleuchtet und lassen Sie die Gardine oder den Rolladen einen Spalt breit auf. Nun beginnen Sie mit ruhiger Stimme, die Geschichte vorzulesen.

Du liegst im Bett und machst es dir so richtig gemütlich. Du kuschelst dich in deine Kuscheldecke ein. Deine Lieblingskuscheltiere und Figuren sind vom vielen Spielen auch ganz müde und wollen schlafen. Sie sind bei dir, ganz in der Nähe. Deine Beine werden auch müde. Sie liegen schwer und warm unter der Bettdecke.

Die Augen fallen dir zu, und du siehst plötzlich den Mond vor dir. Er ist riesig groß, viel größer, als du ihn je gesehen hast. Du bemerkst, dass er dich anzwinkert.

„Hallo, kleines Menschenkind", hörst du ihn sprechen. „Endlich bemerkst du mich. Jeden Abend versuche ich, zu dir ins Zimmer zu scheinen, um dir durch meine Traumboten einen schönen Traum zu schicken. Doch weil du die Vorhänge immer ganz zugemacht hast, hast du in den letzten Tagen keine schönen Träume mehr gehabt. Lass den Vorhang einen Spalt breit auf, dann kannst du wieder die schönsten Träume träumen und hast nicht mehr so viel Angst vor der Nacht. Versprochen?"

„Versprochen!", murmelst du und tapst im Halbschlaf zum Fenster, um den Vorhang ein wenig zur Seite zu ziehen. Da fällt ein Mondstrahl in dein Zimmer und wie auf einer silbernen Rutsche flitzt jemand darauf herein und landet auf deinem Kopfkissen. Es ist ein kleines Männchen in seltsamen Kleidern. „Hallo, Menschenkind", sagt es. „Ich bin ein Traumbote. Willst du mit mir ins Land der Träume kommen?"

„Na klar!", rufst du begeistert. Und schon flitzt du mit ihm auf dem Mondstrahl aus deinem Zimmer hinaus. Eine rasante Fahrt beginnt, aber plötzlich landest du ganz weich. Du kannst es

kaum glauben, aber du befindest dich auf dem Mond und lauter puderiger Mondstaub umwirbelt dich. Die Erde sieht aus dieser großen Entfernung wie eine wunderschöne blaue Kugel aus. Du schaust dich um und bemerkst lauter kleine Traumboten, die auf Mondstrahlen zur Erde flitzen. Du beobachtest, dass manche Traumboten auch von dort zurückkommen. Sie ruhen sich ein bisschen aus und essen dabei etwas Mondstaub. Dann suchen sie sich einen neuen Mondstrahl aus und flitzen darauf erneut zur Erde. Die Traumboten sehen richtig glücklich und zufrieden aus, denn sie bringen ja nur schöne Träume zu den Kindern.
„Siehst du“, sagt der Traumbote, der dich auf den Mond begleitet hat, „so beschäftigt sind wir jeden Abend, damit alle Kinder auf der Erde schöne Träume bekommen.“
Du bleibst noch lange neben deinem Traumboten im weichen Mondstaub sitzen und schaust neugierig den anderen Traumboten zu, wie sie auf den Mondstrahlen hin und her flitzen. Dabei genießt du den schönen Blick auf die Erde, dein Zuhause.
„Ich will wieder in mein Bett!“, fällt dir plötzlich ein.
„Setz dich hinter mich auf einen Strahl, dann bringe ich dich zurück“, antwortet der Traumbote. Hui, das macht Spaß, denn es ist noch schneller als auf der Fahrt zum Mond. In deinem Zimmer angekommen, kuschelst du dich müde und zufrieden in dein Bett.
„Tschüß, kleiner Traumbote, und besuch mich jede Nacht“, flüsterst du und schläfst ein. Als du am nächsten Morgen aufwachst, ist das Bett voll Mondstaub. Mama meint zwar, das wäre Sand vom Spielplatz, aber du weißt es besser, denn manchmal sind die schönsten Träume wahr.

Die Elternratgeber von

spielen und lernen

Margarethe Schindler
Den Neuanfang wagen
So gelingt allein Erziehenden eine neue Partnerschaft, 160 Seiten, Klappenbroschur, mit zahlreichen Farbfotos, 17 x 22 cm,
€ (D) 12,90 / sfr 23,50 / € (A) 13,30*
ISBN 3-89858-406-2

Magarethe Schindler
Heute schon geküsst?
So bleibt Ihre Partnerschaft lebendig und stabil
Überarbeitete Neuausgabe, 160 Seiten, Klappenbroschur, mit zahlreichen Farbfotos, 17 x 22 cm,
€ (D)12,90
sfr 23,50 / € (A) 13,30*
ISBN 3-89858-407-0

*unverbindliche Preisempfehlung

Sabine Theodora Ruh
Handbuch Familien-Finanzen
Absichern – Vorsorgen – Durchblicken, 160 Seiten, Klappenbroschur, mit zahlreichen Farbfotos, 17 x 22 cm,
€ (D)12,90
sFr. 23,50 / € (A) 13,30*
ISBN 3-89858-408-9

Ingrid Biermann
Das große Fingerspielebuch
So entdeckt Ihr Kind die Welt mit allen Sinnen, 160 Seiten, Klappenbroschur, mit zahlreichen Farbfotos, 17 x 22 cm
€ (D)12,90
sFr. 23,50 / € (A) 13,30*
ISBN 3-89858-404-6

velber

Alle Elternratgeber sind im Buchhandel erhältlich